お父さんだからできる子どもの心のコーチング

菅原裕子

PHP文庫

JN282482

○本表紙図柄＝ロゼッタ・ストーン（大英博物館蔵）
○本表紙デザイン＋紋章＝上田晃郷

はじめに

最近、お父さんのための子育て雑誌の創刊が増えています。私もそれらの雑誌に寄稿を求められたり、取材を受けることがよくあります。ここ二年ほどの傾向です。

お父さんのための子育て雑誌とはいえ、一番の読者層はお母さんで、その現実から見ると、お母さんたちは今、子育てにより父親的な視点を求めているのかもしれません。あるいは、そういった雑誌をきっかけに、父親にもっと子育てに参加してほしいと呼びかけているのかもしれません。

父親の子育て参加が必要な理由はいくつか挙げられます。その一つは、若い人たちのライフスタイルの変化です。

特に、若い女性たちは新たなライフスタイルを作りつつあります。結婚して子どもを産んでも働き続け、経済的にも自立し、妻や母としてだけではなく、一人の女性として社会に参加する人が増えてきています。子育てでいったん仕事を辞めた女性も、子どもが手を離れ始めると社会復帰をしようとします。

この社会的な変化は、夫たちにも大きな影響を与えています。

妻が働くことに同意している夫たちは、子育てを含め家事分担を当然のこととして引き受けています。かつてワーカホリックと言われ、仕事に依存しているかのように働いた日本の男性たちと異なり、今の若い世代は仕事と私的生活のバランスを取ろうとしているのです。

そして、その私的生活の大きな一部が子育てです。

父親の子育て参加が必要な理由のもう一つは、現在の子どもや若者の状態にあります。

「全国引きこもりKHJ親の会」によると、今、引きこもりは100万人を超えようとしているそうです。引きこもる人の平均年齢は約二十九歳で、中学生ぐらいから二十五歳ぐらいまでの間に引きこもりが始まったとする割合が約七十五%

にも達しているといいます。

引きこもりに代表される子どもの問題への対応は、子どもの「生きる力」を育《はぐく》む子育てにあると考えます。そこに父親の子育て参加が求められているのです。子ども自身が考える力を持ち、立ち止まって自分の行く道を選択できる能力を子どもの中に育てることが重要なのです。

私がハートフルコミュニケーションの活動を始めて、まもなく十四年になろうとしています。

ハートフルコミュニケーションは、子どもを育てる人たちのためのコーチングワークショップとして誕生し、多くの親たちにメッセージを伝えてきました。

そこで出会う多くの母親たちの願いの一つが、父親の育児参加でした。その希望がかなって、最近の若い父親たちは積極的に子育てに参加し始めています。

私たちの年代のものからすれば、「今の若い父親はよくやっている、これ以上何を望むことがあるのか」と言いたいところですが、母親たちの願いはもっと進んでいます。

それは、母親の子育ての補助として、アシスタントとして手伝うのではなく、より主体的に子どもの人格形成に関わってほしいという願いです。

確かに過去において、子育ては長い間、母親の手にゆだねられてきました。「まかせた」という鷹揚《おうよう》な態度のもとには、関わっている暇がないという企業戦士たちの事情があったでしょう。中には、親としての責任から逃避している側面もあったと思います。

それらの子育ての結果が今、問題となって、少年たちの事件となって世の中を騒がせています。

残念ながら、時間がたってみないと子育ての結果は見えてきません。未来において、自分たちの子育ては失敗だったと言わないためにも、母親たちは父親の子育て参加を求めているのです。

これまで、『子どもの心のコーチング』『思春期の子どもの心のコーチング』（ともにリヨン社、二〇〇七年に『子どもの心のコーチング』、二〇一〇年に『10代の子どもの心のコーチング』としてPHP文庫より発刊）と、ハートフルコミュニケーションのメッセージを伝える本を書いてきました。

この本では対象をお父さんに絞って、お父さんにとっての主体的な子育て参加とは何か、何が求められているのかを考えていきたいと思います。

子育てというのは、基本的に、親の価値観の中で行われる大変プライベートな営みです。親の価値観が問われる場面でもあります。それゆえ父親たちは、人にいろいろ言われたり、教えられたりすることを好みません。

でもだからこそ、今一度、自分自身の価値観や子育てに対する考え方を確認するために、ご一読いただければ幸いです。

あなたの子どもは、あなたの背中を見て育っています。

二〇〇九年一月

菅原裕子

お父さんだからできる子どもの心のコーチング●目次

第1章　お父さんの役割って何？

第2章 成長段階別・お父さんにできること

第3章　子どもの自立を促す三つの力

第4章 自分と子どものために仕事を見直す

第5章 心豊かで賢い子どもに育てるために

第6章 夫と妻と二人で子育て

第1章

お父さんの役割って何?

お父さんの役割って何？

母親というのは、大変現実的な存在です。子どもにおっぱいを飲ませ、ご飯の支度をして、子どもをお風呂で洗ってやって、抱いて寝かせる――日々の現実的な生活の中で充分に子どものケアをすることで、子どもに愛していることを伝えます。

では、父親はどうでしょう。子どもにとって、現実的に生きていくために必要なものを母親が満たすなら、ほかに何が必要なのでしょう。

母と子を支えるための財源のサポートでしょうか？　確かにそれはありそうです。

ほかには、家事や子育ての分担でしょうか？

最近は働くお母さんも多く、一人で家事も子育てもというのは無理があります。でも、家事の中心的存在が母であれば、その場合、父の役割は母のアシスタントです。アシスタントなら、お父さんでなくても、おじいちゃんでもおばあちゃんでも家政婦さんでも誰でもかまいません。

三十代の若い父親たちに「お父さんの役割って何？」と聞いてみると、財源のサポートと、あとは「遊び相手でしょうか？」という答えが返ってきます。

子育てに父親は必要なのか？

本来、子育てに父親は必要なのだろうか？　母親たちが父親の子育て参加を求めるのはなぜだろう？
考えをめぐらせているとき、あるお母さんからの一通のメールが、私の心を捉《とら》えました。

お元気ですか。ご無沙汰しております。
ハートフルコミュニケーションのセミナーで中学校に来ていただいたのが、娘が中三のとき。早いものでもう大学四年生になります。
その間、親子間の様々な葛藤《かっとう》がありましたが、
我が家の場合、
父親が揺れ動く思春期の子どもたちをぐっと捕まえておいてくれたので、

どの子も大きく道をはずすこともなく、のびのびと育っております。

何気ない挨拶文《あいさつぶん》でしたが、このお父さんは「子どもたちが道をはずすことのないよう捕まえる」のがその役割だったようです。

私は、この文章が大変核心を突いていると感じました。そして、この本を書くにあたり、再度、父親の仕事とは何かを考えました。

動物の子育てに見る父親の役割

まず、様々な動物の子育てを見てみると、父親を必要としない子育てをしている動物がたくさんいることがわかります。

以前、チーターの子育てをテレビで見たことがあります。チーターの母親は単独で子育てをします。狩りに出るときなどは子どもを置いていくので、その都度子どもを隠す場所を見つけなければならず大変です。最終的に子どもに狩りを教えて、時期が来ると親のほうから子どもを威嚇《いかく》して遠ざけ、自立させます。そして母親は次の子どもを産むのです。チーターは子育てに父親を必要とはしません。

人に最も近いといわれるチンパンジーの子育てはどうでしょう。チンパンジーの母親は大変子育て上手のようです。赤ちゃんは、ほとんどの時間を母親の胸に抱かれて過ごしますが、時期を見て子どもを床に置いたりします。

子どもが這《は》ったり、独り立ちしたりする訓練のためです。このとき子どもは、べソをかいたりしますが、決して長時間泣かせるようなことはしないようです。

野生のチンパンジーの社会は「多夫多妻」だそうです。時期が来ると、チンパンジーの女性は一人群れを離れて、別の群れに加わります。そして、新しい群れの複数の男性たちと交わり、子どもが生まれます。

ですから、男性たちにしてみれば、どれが自分の子かはわかりません。すべてが群れの子どもです。男性たちは特定の子どもとだけ遊ぶわけではなく、群れにいる幼いもの全体に対して保護者として振る舞うようです。男性たちの役割は、群れの女性と子どもたちを守ることなのです。

チンパンジーの子どもと父親たちの付き合いが始まるのは、子どもが二～三歳になって、ほかの子どもとも遊ぶ頃になってからのようです。男性たちは早くから子どもに関心を持っているようですが、子どもがある程度大きくなるまでは、母親が胸から離さないのです。

母親から受けるケアとは異なり、男性たちは、もっぱらレスリングごっこのような荒っぽい遊びに子どもたちを誘うようです。

どうやら子どもにとって、父親たちとの付き合いは、母親との一対一の濃密な付き合いから抜け出て、社会に出る第一歩のようです。父親たちが「お母さんの胸から出ておいでよ」と誘うのです。

子どもがさらに成長してくると、男の子は男性たちと過ごす時間が長くなり、男性の一員として群れの中を闊歩《かっぽ》し始めるようです。

人間の社会生活や子育てはもっと複雑です。人間は経済活動を営むことで、生活を成り立たせています。そこがチンパンジーとは違うところです。

一夫一婦的な結びつきで営まれる生活では、そのどちらかが世の中に出て経済活動に参加し、生活を維持しなければなりません。当然、これまでは、おっぱいのない父親が外に出て働いてきました。

ところが、その父親が経済活動に忙しすぎて、子どもとの時間が取れずに、子どもを社会に誘い出すことができなかったらどうなるのでしょう。

人間の子どもが社会に出るまでには、チンパンジーよりもっと時間がかかります。その時間の中で、子どもを誘うのが母の温かい胸だけだったら、子どもはどうなるのでしょう。

子育てに必要な「母性」と「父性」

「親の役割は、子どもに自律を教え、自立させること」。ハートフルコミュニケーションでは、親の役割をそう位置づけています。

自律とは、自分を律すること。物事の善悪を判断して、自分の中に起こる様々な情動をコントロールし、最終的に自分を幸せに導くような、振る舞いやあり方を学ばせます。

自立とは文字通り、自分の力で生きていけるようになることです。職業につき、誰かに依存することなく、人とともに幸せに生きていけるようになることです。

子どもの自立を促すために子どもの中に三つの力を育ててください、と私たちは提案しています。「愛すること」「責任」「人の役に立つ喜び」の三つです。それぞれの詳しいことは第3章でお話ししますが、これらのことを子どもに伝える

ために は、「母性」と「父性」の両方が必要です。

母性は母親という意味ではなく、母なるものに象徴される温かさ、やさしく包みこんで安心感を与えてくれるもの、甘えを受け入れ依存させてくれる存在を意味します。

父性は、父親という意味ではなく、父なるものに象徴される存在です。甘えを断ち切り、世間において一人の人間として、自立して暮らすために必要なことを伝える存在です。社会の規範や倫理的なもの、つまり人として何がよくて、何が悪いかを教えるものです。

愛情いっぱいに育てるべきか、厳しく育てるべきかという議論がありますが、子育てにおいてそのどちらかというのはナンセンスです。

一人の人を育てるためには、愛情いっぱいの母性と、悪いことは悪いと言う厳しい父性の両方があって初めて、バランスの取れた人格を育てることができるのです。

母性＝母親、父性＝父親というわけではない

とはいっても、父と母の両方がそろわないと、よい子育てができないということではありません。

先に述べたとおり、母性と父性は、必ずしも生物的な母や父を指すものではなく、その存在を意味します。子どもを産んだやさしい実の母と、時には厳しい実の父がいて、初めて理想の子育てができるというわけではありません。

やさしい母性は母親の特許でもなければ、厳しい父性は父親だけの役割でもありません。善悪を教える厳しい母もいれば、やさしく包みこむ父もいます。

以前、そろってハートフルコミュニケーションを学んでくださったご夫婦がいました。子どもの自立を促すために、朝子どもを起こすのをやめようと決めて（ハートフルコミュニケーションの提案の一つです）、三人のお子さんにそのことを話し、翌朝から子どもが起きてくるのを待つようになりました。

そのご夫婦の報告によると、あっさりと子どもを起こさなくなったのはお母さんでした。彼女は父性の高いお母さんでした。起こさないと決めたら、あとは子どもにまかせて、遅刻してしまうかもしれない危険を受け入れることができたのです。

ところが、お父さんはそうはいきませんでした。「起こしたほうがいいのではないか」と妻の周りをうろうろして、「遅刻させてはかわいそうだ」と、結局、娘たちの寝ている部屋の前で掃除機をかけて、娘に「うるさい」と怒られる、やさしい母性にあふれるお父さんでした。

また、一人で子育てをしながら、その両方を教える父も、母もいます。

まだ子どもが幼い頃に夫を亡くしたお母さんがいました。働きながら一人で三人の子どもを育てるそのお母さんは、亡くなった夫に父親の役割を求めたと言います。

二人の息子には時に手を焼くことがあり、そんなときには息子を仏壇の前に座らせて、お母さんはただやさしく、仏壇の前で「どうしていいかわからない」と、夫の遺影に訴えたそうです。息子たちは仏壇の父に叱られている気持ちになったことでしょう。そこに父はいたのです。

子ども二人を引き取って離婚した、シングルファーザーと話したこともありま す。講演に参加してくれたそのお父さんは、「僕は母親をやってきました」と話 してくれました。子どもたちとのスキンシップを心がけ、やさしく包みこむよう に育てたと言います。

彼の家庭は、貧しさが父性の役割をはたしました。必ずしも豊かではない中、 何とか二人を大学まで行かせたいと思った彼は、子どもにできる限り働くことを 求めたそうです。高校生になる頃には、学業と働くことの両立は当然のことで、 子どもたちはその環境の中で、世の中の厳しさも、自分がどう生きるべきかも学 んだと言います。

最近は家族のあり方も多様化しています。一般的に、人が「理想の家族」と思 うような家族ばかりではありません。

実の親子であろうとなかろうと、親が二人そろっていようといなかろうと、子 どもには母性の与えるものと父性の与えるものの両方が必要であることを、この 本のスタートでお伝えしたいと思います。

生きるうえで最も大切な感情＝自己肯定感

私たちを「生きること」に動機づけるのは自己肯定感です。自分を肯定する気持ちがあるとき、人は生きることを選びます。

自己肯定感は、あるがままの自分を受け入れる感覚です。

おろかでなさけない自分もすべて引き受けて生きていこうとする感覚です。

基本的に自分を、自分でいることを楽しんでいますから、その自分が何をやっていても楽しめます。

やっている「何か」が面白いからではなく、やっている自分が楽しいのですから、何をやっても楽しいはずです。

別の見方をすると、何をやっても楽しくないときは、何をやっているかが問題なのではなく、問題は自分にあるのかもしれません。自分自身を楽しめていないのです。自分自身を肯定できていないのです。

自己肯定感が育っていくと、それは自信にもつながります。自信を感じるとき、私たちは前進できると同時に、今やっていることに打ちこむことができます。自分に自信があるので、安心して集中できるのです。

子どもを抱きしめる母性が自己肯定感を育む

子どもの自己肯定感は、まず赤ちゃんのときに自分の欲求をきちんと受け止めてもらうことから育ち始めます。泣けば誰かがやってきて、自分を居心地のよい状態にしてくれる。空腹を訴えれば、それに応《こた》えて空腹から救ってくれる。この世界から反応されている感覚が、私たちの自己肯定感のもとになります。

しっかりと子どもを抱きしめる手と、その手を信頼しきって身を預ける子ども。この関係が親子の関係の原点となり、子どもにとって人間関係の原点となります。

この手は母性の手です。泣き叫ぶ子どもを抱き取り、安心を与え、なぜ泣いているのかを察し、その欲求を満たしてやります。

子どもの欲求には、空腹やオムツがぬれた不快感のような生理的なものだけでなく、精神的なものもあります。誰かと一緒にいたい、おしゃべりしたい（自分は話せなくても）、眠りに落ちるまで抱いて安心させてほしい……といろいろです。

それが何であれ、自分が求めたときに誰かがそこにいる。子どもはその相手を信頼し、自己肯定感を育てながら、人を信じる力も身につけていきます。

また、乳児期だけでなく、成長する過程で、親からどのような言葉を受け取るかも、子どもの自己肯定感を育てる大きな要素となります。

親から肯定的なメッセージを受け取る機会の多い子どもは、親からのそのメッセージを基本に、自分に対する肯定的なイメージを育てます。「できる」「やってみよう」「よくやった」と言われることが多いと、子どもは、自分は「できる」と思い、とにかく「やってみよう」と行動し、「よくやった」と自分を認めることのできる子に育ちます。

ところが、親が子どもに対して肯定的なメッセージを発する機会が少ないと、子どもは自分の中に肯定的なイメージを育てる機会を持てません。

反対に、「こんなこともできないのか」「できないのに手を出すな」「ダメだな」などと否定的なことを言われることが多いと、子どもは自分に対する否定的なイメージを育ててしまいます。

母性のしっかりとした手に抱きしめられる安心感に欠けていたり、否定的な自己イメージを育ててしまった子は、何かにつけて消極的で臆病《おくびょう》です。

また、自分に自信がない分、親からの自立が遅く、時間もかかるようです。

自己肯定感とともに育つ万能感

オムツがぬれてもおなかがすいても、泣いたりぐずったりせず、静かに親が来てくれるのを待っている……こんな赤ちゃんの話を聞いたことがありますか？ありませんよね。赤ちゃんは親に自分の世話をさせるために、大声で泣いて不快を知らせます。愛されて、世話をされて当然、自分はここにいて当然の存在であるという、なんとも傲慢《ごうまん》な態度です。

でも、だからこそ子どもは生きていけます。大声で泣いて自己主張しないと、自分の状態を伝えられないからです。自然が人間の赤ちゃんに与えた力です。

親は、「はいはい、おなかすいたの？」「オムツかな。待っててね」と、やさしくかいがいしく世話をします。子どもはますます、自分はすごい存在なのだと思います。だからこそ自己肯定感が育つのです。

それと同時に、子どもの中には「万能感」が育ちつつあります。

万能感は、自分は万能であると思いこむ感覚です。自分の欲求に応えて、親がどんなこともかなえてくれるとき、子どもは自分が万能であると思いこむのです。自己肯定感と万能感は一緒に育っていきます。

万能感はシェープアップされないと危険

自己肯定感は子どもの一生を幸せにするための大切な感情ですが、一緒に育ってしまった万能感は、いずれ適切にシェープアップされる必要があります。適切にシェープアップされた万能感は「有能感」として、自分はできる存在であるというセルフイメージに育っていきます。

ところが、万能感が適切にシェープアップされず、子どもの成長とともに大きくなってしまったらどうなるでしょう。

子どもが自分では何もできない存在である時期は、大変短いものです。一歳になり、二歳になって、三歳になる頃には、大変多くのことができるようになっています。

三歳ぐらいまでは、親はできない子どものために手を出してやってあげることと、かいがいしく世話をすることが多いでしょう。ところが、子どもをできないままの存在として、母性のお世話がいつまでも続いたらどうなるでしょう。

子どもの欲求に親が応え続けることで、子どもは何もしなくても欲しいものが手に入ります。

さらに、時には先取りして子どもの欲求を察し、それを満たすようなことをしたらどうなるでしょう。「自分は、欲しいものを何でも、思いどおりに手に入れることができるのだ」と、子どもの万能感はパンパンに膨れ上がってしまいます。

そしてそのまま大きくなっていけば、親子ともに様々な問題を抱えることになります。

同時に、母性のお世話のせいで、子ども本人が自分で自分の欲求を満たす経験が少ないため、「自分でできる」体験が少ない子として育ちます。それが、大きくなるにつれて「できない」劣等感へとつながります。万能感と劣等感の同居は、子どもを幸せにはしません。

中には、経験が少なくても劣等感につながらないこともあります。例えば、子どもの成績がよい場合です。

成績が優先される社会においては、成績がよいということで、すべてに関して「これでよし」と思われます。親も先生もよい成績を維持してもらうために、子どもにかしずき、子どもの万能感をますます育ててしまいます。

どんなに成績がよくても、万能感プンプンの人間は社会で受け入れられないものです。自分が一番えらいと思っている人間の周りに集まるのは、その万能感を利用しようとする人間だけです。そこには成長はありません。

母性だけでは万能感をシェープアップできない

母性だけで子どもを育てるのは危険です。子どもの万能感をシェープアップできないからです。母性は子どもの欲求を察し、欲求に応えます。不快を感じないように子どもを守るのが、母性の仕事です。

ですから、母性のみに包まれて育つ子どもは、その環境が当たり前になってしまいます。その環境においては、自分は万能ではないという当たり前のことに気づかず、ゆがんだ認知を持って育つことになります。

母親も普通は、時に父性を発揮して子育てをします。ところがよく耳にするのは、母親がどんなに「ダメ」と言っても聞かないのに、父親が一言「ダメ」を言うと、子どもによく伝わるという現実です。「私はなめられているんでしょうか」とお母さんは言います。

そのとおりです。実は、母性の強い母親が頑張って父性を発揮すると、どこかにほころびが出ることがよくあります。ちょっと駄々《だだ》をこねると、母親は「仕方がないわね」と、自分の言ったことを自分で否定するような妥協をしてくれることを、子どももよく知っています。

これを繰り返している間に、子どもは母親の「ダメ」を信頼しなくなります。そうは言っているけど、言っているだけで、自分次第で母親の意見を変えることができると思ってしまうのです。

結果として、母親のこの一貫性のなさは、子どもの万能感を増長することになります。

何ができて、何ができないのかという自分に関する現実は、母性から離れて、一人の人としての体験を積まない限り見えません。自分の課題をまかされて、その課題と向き合うときにのみ、自分が見えるのです。

そのためには、父性の介入が必要です。父性に誘われて、母の胸から出てきて、自分の力で物事に当たったとき、子どもは初めて「自分」を体験できるのです。自分にはできることがたくさんあると同時に、万能ではないという現実を体験します。

父性は子どもに分離感で接する

母性が子どもに一体感を体験させるなら、父性は子どもに「分離感」で接します。

母性が子どもの面倒を見るときは、子どもと自分が一体化して、自分の一部をケアしているのと同じ感覚です。

当然かもしれません。母親の体の一部として、この世に存在した子どもですから。出産して別々の存在になっても、母性は一体感を持って自分の一部として子どもをケアします。

母性は子どもの痛みや不快を自分のもののように感じ、その痛みや不快から子どもを守ろうとするのです。母性は子どもを包み、子どもを許します。

ところが、父親にしてみれば、その感覚は薄いと言えます。父親が、子どもの痛みを自分の痛みとして感じることは、母親ほどは強くありません。痛みを想像することはできても、それは他人の痛みです。自分のものではありません。だからこそ、父性は子どもに自立を教えられるのです。一時の子どもの痛みに耐えられるのです。子どもの痛みを見ていられるのです。

自立のために父性が教えられること

自立とは自分の力で生きていけるようになることである、と言いました。誰かに依存することなく、人とともに幸せに生きていけるようになることです。

そのために、子どもに教えなくてはならないことがいくつかあります。

一つは、自分の力で生きるための「自分でできる」ということ、もう一つは、人とともに幸せに生きるための「自己コントロール」です。

まずは、「ほかの人にやってもらわなくても自分でできる」ことを教えることから始めます。子どもの「できる力」を引き出すのです。

つまり、親がコーチとなって、子どもの中に眠る力を引き出すのです。

幼い子どもたちを持つある夫婦と、何日か一緒に過ごす機会がありました。四歳になる長男にヨーグルトを食べさせるときのやり方が、父親と母親ではまったく異なるのを面白く眺《なが》めたものです。

母親は、息子のためにヨーグルトのふたをはがして渡します。父親は、息子の前にふたをはがさずドンと置くのです。

母「ちゃんとふたをはがしてやってよ」

父「（息子に）これ、取れない？　やってみて」

息子（不器用な手つきでヨーグルトのふたと格闘）

父「おぅ、取れたじゃないか。よかったな」

どうということのない、さりげない会話の中に、父親の客観的な子どもへの目線を感じます。

おそらく、やさしいお母さんは、いつも息子のためにヨーグルトのふたを取ってあげていたのでしょう。ところが、何気ない父からの一言で、息子は新たな「できる」を発見するのです。これは父性が、子どもにやらせてそれを眺めていられるからできることです。まさに、父親の指導力を発揮した瞬間です。

そして、その父性のあり方こそが、コーチとしてのあり方です。

父性はコーチとなって子どもの「できる」を育てる

ハートフルコミュニケーションでは、親に、保護者やマネージャーやスポンサーという役割以外に、子どものコーチになることを提案しています。それは、子どもに考える機会を与え、試す機会を与え、子どもの「できる」を増やしていくあり方です。

母性にとっては、時にそれが大変難しく、多くのお母さんがヨーグルトのふたを取るのは自分の仕事であると信じて疑いません。子どもに対して至れり尽くせりで世話をして、子どもの生きる力を育てないのです。「自分ではできないからかわいそう」と思って、ついつい手を出してしまうのです。

できそうなことは、「できる」と信じて子どもにまかせ、子どもの「できる」を育てていく。それが父性にできることです。

子どもは、まかされて自分でやる過程で、多くを学びます。

うまくいかないこともあるでしょう。親に励まされて別のやり方を試すことも学ぶでしょう。物事を達成する方法は一つではないことも学ぶでしょう。頑張れば頑張っただけのものが得られることも学ぶでしょう。また、頑張っても手に入らないことがあることも学ぶでしょう。

ヨーグルトのふたをはがすような小さなことから始まって、子どもは年齢に応じて自立の道を歩むのです。そこには、さりげなく「やってみて」と、子どもに子ども自身の仕事をまかせる父性が必要なのです。

「自分でできる」の次に自律を教える

「自分でできる」ことの次に教えるのが「自律」です。

自律は、自分をコントロールする能力です。自分をコントロールできる人は、周りとチームを組んで、人とうまく一緒にやっていくことができます。人とともに幸せに生きることができるのは、自立するうえで大変重要な能力です。

子どもが自分をコントロールできるようになれば、例えばむやみに暴力を振ったり、長時間ゲームにふけったりというように、人間関係や健全な生活を不健全な状態におとしいれることが防げます。それはつまり、やっていいことといけないこと、やらなければいけないことの区別を教えるということです。

やってはいけないことを教え、それをさせないようにするためには、子どもを束縛しなくてはなりません。

子どもが自由にやりたいことをやらせるのと異なり、子どもを束縛し、やりたいことを我慢させるのはかわいそうなことです。やらなければいけないことを我慢してやらせるのも同じです。母性には大変難しいことです。

そこで、父性の登場です。父性はそれが必要なことであるとわかれば、心を鬼にして、子どもに「いけない！」と言い、子どもが泣こうがどうしようが、「ダメなものはダメ」と言い放てるのです。

それは、子どもと自分を分離していなければできません。「かわいそうだ」と思ってしまっては、いけないことをいけないと教えることはできないのです。

母性が許すところを、父性は許さないのです。あくまで「いけない」と子どもに我慢を求めます。

つまり子どもに対して、いけないことをしないように、あるいはしなければならないことをするように、限界を設定してやれるのです。

子どもは自分をコントロールする術を知らない

先日、上海《シャンハイ》に出張した折、子どもたちの遠足の列を眺めながら、一緒にいた中国人が中国の子育て事情について話してくれました。一人っ子政策のため、一人の子どもを大切にしすぎる中国では、子どもに関する様々な問題が起こっているようです。

その一つが、子どもたちのインターネットへの引きこもりです。母性でくるみこんで育て、限界を設定して自律を教えなかった結果、多くの子どもがインターネットに夢中になり、のめりこんでしまっているようです。

彼らは、何年間も現実の社会から自分を切り離し、バーチャルな世界にのみ生きているのです。危機感を覚えた中国では、そんな子どものための矯正施設さえ用意されるようになっているそうです。

日本においては、以前に起きた麻薬密売のニュースが心に残っています。

白昼堂々、東京の住宅街で主婦やサラリーマンたちに麻薬を密売していた外国人が摘発されました。その外国人は取り調べで、「こんなに薬物を買う人がいるなんて、日本の未来が心配だ」と言ったそうです。心配だと言われた日本人。ここにも、かつて子ども時代に限界設定をされないまま育った人たちがいます。

私たち人間が、情動に動かされて起こすことの中には、否定的な行動や、否定的な結果を生むものが多くあります。気に入らないからと振るう暴力、面白いからと限度を超えて何かに夢中になること、薬物への興味……これらは過ぎると、すべて大きな問題につながります。

ところが、幼い子どもはそれをコントロールする術《すべ》を知りません。気に入らないとなれば、一緒に遊んでいる子どもを突き倒すし、欲しいとなれば、売り場の前でひっくり返って「買ってくれ」と泣き叫ぶのです。

「いけないことはいけない」と限界を設定する

そこで必要となるのが「限界設定」です。子どもが幼いうちは、親が子ども自身に代わって、積極的に限界を設けてやらなければならないのです。「やってはいけないことはやってはいけない」と教えるのです。

幼いときの限界設定は、それほど難しいことではありません。なぜなら、子どもの年齢と子どもの抱える問題の大きさは比例するからです。幼い頃の子どもの問題は小さく、家庭において解決できることがほとんどです。

ところが、子どもが大きくなるにつれ、それは難しくなります。問題が大きくなり、時には犯罪となって、人生を大きく左右させてしまいかねない可能性があるからです。だから、幼いときほど、父親がそばにいて、時には直接的に、時には母を通して、子どもを見守ることが大切なのです。

自分の中に起こる感情を否定的に表現するとき、返ってくるものは否定的なものしかないと教えることが大切です。自分勝手な気晴らしやわがままは、周りに通用しないと教えることが重要です。

子どもの気質によって態度は異なりますが、気質の激しい子どもほど、どこまでできるかの限界を探るものです。親の反応を見ながら、親を試すのです。

そこで親がはっきりとした限界を見せないと、子どもはどこまでもぐずぐずと否定的な態度を見せます。長くそれをやらせるのは感心できません。その態度が、その子の癖になってしまうからです。子どもも決して幸せではありません。

親がはっきりと限界を示すことで、子どもは安心感を得ます。何をやってはいけないのかということより、何をやっているときに親が確実に受け入れてくれるかという安心感です。

限界設定をするときに大切なこと

限界設定をするときに大切なことが二つあります。

一つは愛することです。子どもを愛する気持ちで日常的に接しているからこそ、限界設定は機能します。子どもが愛されていると感じない相手からの限界設定は、ただの意地悪ととられかねません。

大切なことの二つ目は、常に一貫した態度を取ることです。

子どもは限界設定を喜びません。ただ欲求に従って、欲しいものを欲しい、やりたいことをやりたいと言っているのに、それをいけないと言われるのですから当然です。そのとき、子どもの試しに乗せられて言うことを変えていると、子どもは安心できません。親の原則をはっきりと示し、それを曲げないことです。

あるお父さんは、小学三年生の娘に携帯電話が欲しいとねだられました。彼は個人用の携帯電話と会社用の携帯電話の二つを持っています。

「まだ早い」と言って終わりにすることもできましたが、彼は携帯電話を持つ意味を話しました。

「携帯電話を持つというのは、世の中とダイレクトにつながるということ。どんな内容の電話がかかってきても対応できるか？」

と聞きました。会社の電話を手に取って、これには怖い電話がかかってくる。日曜なのに「大変だ！」とか「早くしないとお客さんが怒るぞ」とか、怖い電話がかかってくる。確かに、彼の仕事用の携帯は黒く（いかにも怖く）、その携帯が鳴ると、お父さんは休みの日でも仕事に戻ることもあったようです。子どもにしてみれば、父親を奪う携帯電話です。

お父さんはそれに対してきちんと対応できるから携帯電話を持っているが、お前はできるか？　という意味のことを話して、黒い携帯電話を差し出したそうです。娘の答えは「まだいらない」でした。

子どもが携帯電話を欲しがったそのときに、このお父さんは、携帯電話は時に怖いものと位置づけ、子ども自ら今は持たないことを選択させました。

子どもの携帯電話使用に関しては様々な問題が取りざたされています。周りの環境を整えることも大切ですが、同時に、子どもの中に自分で自分を律する限界を設けさせることが重要です。

きっと彼女は、あと何年かしたら携帯電話を持つことを許されるでしょう。そしてそのときには、電話の向こうには怖いものが待っている可能性もあることを知って使ってくれるでしょう。

父親が子育てに関わると子どもは変わる

ハートフルコミュニケーションを学ぶお母さんが、意識して子育てに父性を持ちこんだときのことを語ってくれました。ご紹介しましょう。これは、いけないことをいけないと教え、限界設定をした例です。

息子が五歳のとき、気に入らないことがあると、私を殴《なぐ》ったり蹴《け》ったりするようになりました。気に入らないこととは、友達とケンカしたときや、保育園の先生に注意されたとき、私が公共のマナーについて教えたとき、などです。

そんなときは、誰が悪かろうと関係なく、その矛先《ほこさき》が私に向かってきました。暴力は他人に向かうことはなく、ただただ母親である私に、感情のはけ口はここばかりに向かってくるのです。

私は息子の行為に戸惑いました。私も夫も、息子を殴ったり蹴ったりしたことはありません。生活の中に暴力がないのに、なぜ息子が暴力を振るうのか理解できなかったのです。

「目には目を、殴られたら殴り返す」というやり方は性《しょう》に合わなかったので、言葉を尽くして息子と話し合おうとしました。友達とケンカをしたときは、まず気持ちを受け止め、どう解決していくかを一緒に考えようとしました。

夫にも、息子と話してもらいました。それでも彼は、私を殴る蹴るという行為をやめません。私が、「殴られると痛い。やめてほしい」と言っても聞きません。どうにも私の言葉が息子に伝わらないもどかしさに、悩む日々が続きました。

そこで、ここは父性の登場だと思い、夫と話し、協力してもらうことにしました。「お父さんは怖い存在」という役割を担ってもらったのです。

私は、今までの困った状況を再度夫に説明し、父親の役割について話し合いました。夫は納得してくれ、協力を約束してくれました。彼は普段とてもやさしく、怒ったりすることのない人です。

その日から、夫の行動は変わりました。

息子の殴る蹴るの行為を、やさしく諭《さと》すのではなく、「こらーっ‼」と叱るのです。「ママを殴るなっ！　くるならオレにかかってこい！」と五歳児相手に本気です。それも、私がかつて聞いたことがないような大声です。夫のそんな声を聞くのは初めてで、私がビックリしたくらいです。

その後、夫はなぜ叱ったのか理由を話し、殴られたママはどんな気持ちになるか、どうすればよかったのかを理路整然と息子に伝え、話し合い、場をおさめました。

私は一切、口を挟まず、ただ聞いていました。息子が私を味方につけようとしても、私は夫の味方という立場を崩しませんでした。

何回かそんなことが続きましたが、いつも夫は笑顔で終わるよう心がけてくれました。息子は変わりました。気に入らないことがあっても、私を殴ったり蹴ったりしなくなり、自制できるようになったのです。

だからといって、夫と息子の関係が緊張したものになったわけではありません。朝、夫は必ず息子を抱きしめてから会社へ行きます。息子もうれしそうにその日課を楽しんでいます。

私には、お友達のような関係から、父子（上下かな？）の関係が築かれたように見えます。

この五歳の男の子は、自分のイライラをうまく処理する方法を知りませんでした。そしてそれは、何でも許してくれる母親に向かったのです。彼は知っていました。母親以外の人にやってはいけないことを。だから母親にだけ向かったのです。

彼の暴力をそのままにしたらどうでしょう。「大きくなれば直る」と楽観視してすませようとする人もいるでしょう。

でもお母さんは、やってはいけないことがあると教えるチャンスだと思ったのです。そして、それには父親が適役であると思いました。

母性は自己肯定感を育てる重要な役割を持っていますが、一方で三歳を過ぎた子どもにとっては、万能感を膨らませる危険な要素にもなります。どこかではっきりと父性を示すことで、充分に愛されているけれども、いけないことをすると許されることはない、ということを教えたほうがいいのです。

子どもを守るにはシールドが必要

先のお母さんの例は、拙著『10代の子どもの心のコーチング』で紹介した、「子どもを守るためのシールドを親が作らなければならない」という提案を受け入れての試みでした。

「お友達のような関係から、父子（上下かな？）の関係が築かれたように見えます」

とお母さんは語っています。

これは、まさに子育てにおいて重要なことです。親子は友達ではありません。人間としては対等でも、親として、子どもを導くものとして、親は自覚しなければなりません。

学校の先生も同じです。先生が教えるものの立場に立たなければ、教育は成り立たないのです。子どもが、親や先生を「従わなければならない相手」と思わないと、何がよくて何がいけないかを教えることはできません。

世の中には、子どもはもとより、人間が踏みこんではいけないものがたくさん存在しています。自殺や殺人など、自分や人を傷つけるようなことが一番に挙げられます。今は麻薬や売春にも簡単にアクセスできるということが、それらの犯罪の低年齢化を見てもわかります。

子どもの行動範囲が狭いうちは、親の力で、子どもがそれらの危険な行為やものに近づかないように見張ることはできます。

でも、それには限度があります。子どもが成長すれば、ずっと子どものやっていることを見張っているわけにはいかないのですから。

子どもを危険なものから守る何よりよい方法は、子どもの中にそれらのものに近づかない知恵を育てることです。

そして、子どもの中にその知恵が育つまでは、親が、子どもの中に「それ以上はいけない」「それはいけない」と限界を設定してやることが必要です。

シールドを作るのは父性の仕事

先に述べた五歳の男の子の場合、お母さんとの一体感の中で、自分のイライラを向ける先はお母さんでした。それが彼の一番安心できる発散方法だったのです。お母さんは許してくれます。怒ることなくやさしく諭してくれます。

きっとお母さんは、何度も「やめなさい！」と言ったことでしょう。ところが、五歳児が母親に対して持つ万能感は、そんなものは受けつけません。母性は、お母さんを殴ったり蹴ったりするのはいけないことだと教えることはできませんでした。

そこで父性の登場です。お父さんは、「五歳児相手に本気」で「くるならオレにかかってこい！」と子どもと向き合います。

そしてお母さんも、「息子が私を味方につけようとしても、私は夫の味方という立場を崩しませんでした」というやり方で、父性を発揮します。ここでお母さんが、「かわいそうだからもういいわ」とやってしまっては、子どもは「やっぱり許される」ことを学んでしまいます。

お父さんとお母さんは力を合わせて父性を発揮し、お母さんに暴力を振るってはいけないことを教えました。

実は、これ一回で男の子の暴力がおさまったわけではありません。その後のお子さんの様子を知らせるメールが届きました。


時に嫌なことがあると、私に向けて手を上げるのですが、あのときのことを思い出すのでしょうか、上げた手が止まります。くくく、とこらえて、何とか自制します。

自制できなかったときは夫の出番です。

その場に夫がいないときは、

「今していることは、イケナイと知っているよね。それを注意されてママを叩くのもイケナイと知っているよね。このことはパパに言います」

の一言で、息子の手は下がります。

お母さんに暴力を振るってはいけないという学びは、彼の中で、人に暴力を振るってはいけないという考えに成長していきます。

これから彼が成長して、自分で自分の情動をコントロールできるようになるまで、お父さんの「こらーっ‼」が彼をコントロールしてくれます。お父さんは彼といつも一緒にいるわけではありませんが、彼の記憶に残る父性の一喝が、彼を暴力から遠ざけてくれるのです。

同時に、彼は自分が万能でないことを学びました。何をやってもいいというわけではないことを学んだのです。

『10代の子どもの心のコーチング』の中で、私はこれを「子どものためにシールドを作る」と表現しています。

かつての生活には、社会そのものに子どもを守るシールドがありました。おまわりさん、学校の先生など、世の中には怖い人がいっぱいでした。閻魔様《えんまさま》のように得体の知れない怖い存在もありました。それらの「畏《おそ》れ多い存在」は、子どもたちを世間のよくないことから守るシールドだったのです。

そのシールドの力が弱い今、私たち親は意識して、子どもを守るための策を施さなければなりません。その方法は、子どもに何をやってはいけないかをはっきり教えることです。

そして、それは父性の仕事。多くの場合、お父さんの仕事なのです。

父性と母性の役割――まとめ

子育てには母性と父性の両方が必要なことをお話ししてきました。

母性は、子どもの命を支える自己肯定感を育《はぐく》むという重要な役割を果たします。

ところが、母性だけで育てると身の程知らずを育ててしまいます。いわゆる甘やかしすぎの子どもになって、何でも自分の思いどおりになると勘違いするようになるのです。

母性のもとにおいては何でも思いどおりになるのに、そうならない現実と出合うと、彼らは思いどおりにならない世界から距離を置き、自分の殻《から》に閉じこもってしまいます。引きこもりの一つのケースと言えるでしょう。引きこもりは母の子宮に帰った状態であると聞いたことがあります。

父性は子どもに自立を求めます。ぬくぬくとした母性の腕の中から、一人で立ち上がることを要求するのです。

何でもやってもらって楽をするところから、自分でやってうまくいかないことを繰り返し、最終的に、自分で「できる」を体験させるのが父性の仕事です。

うまくいかないことを繰り返す中で子どもは、自分が万能でないことを知り、適切にセルフイメージを形成していきます。

同時に、すべてを許し包みこんでくれる母性と異なり、やってはいけないことがあることを教えるのも父性の仕事です。社会生活を営むうえで重要な要素です。

現代社会はお父さんを必要としている

先にも述べたように、母性、父性は必ずしもそれぞれ母親、父親によって発揮されるものではありません。父親にも母性が、母親にも父性が、それぞれその両方が備わっています。

でもやはり、母性は母親、父性は父親によって発揮される度合いが高いようです。それは私たち人間が、女性として、男性として生まれ持ったもののようです。

昔から、男性と女性は違うということはよくいわれてきました。それが近年、その違いが研究され、今では男脳と女脳の違いとしてよく知られるようになりました。父性と母性の役割の違いも、男性と女性の違いで説明がつくのではないかと思います。

その違いの基本は、女性が子どもを産み育てる機能を持っていることから始まります。

おのずと女性の仕事は、子どもという、今、目の前にある小さな命を守ること に向かいます。食べ物を与え、包みこんで危険なものからその身を守ります。言葉を持たない小さな命を、その様子だけで何か具合が悪そうだと察する能力にも女性は恵まれました。生活における視野範囲は非常に狭いと言えるかもしれません。近視眼的とも言えるでしょう。

また、動物の多くも同じですが、人間も、女性はコミュニティーの中で子育てをしてきました。母親や姉妹、ご近所の人たちと一緒になって、群れの中で子どもを育てます。そのほうが、一人で育てるよりも子どもの生存率が高いのでしょう。

そして、このように身近な女性たちと一緒に子育てをするには、コミュニケーションを取ってよい人間関係を築いていく必要があります。そんなところからも、女性が持つ、相手の気持ちを察する能力は磨かれていきます。

一方、男性は、子どもを守る女性とその子を守ります。外に出て狩りをするなどして、家族のための食べ物を手に入れ、女性とその子どもを自分の縄張りの中で守ります。

ですから、男性の視点はおのずと外へと向かいます。狩りをするために、遠くのものを見通し、計画を立て、戦い、必要なものを手に入れます。農耕をするときも同じです。自然という大きなものを理解し、予測を立て、収穫するのです。

そのため、視野の範囲は広く、物事を長期的に見通す力に長《た》けています。反対に、目の前にある細かいものは目に入りません。

このように、基本的な女性と男性の違いを挙げてみても、同じ人間でありながらまったく違う生き物だということがわかります。

その男性と女性が子育てをするとき、やはりその役割はおのずと違ってくるのです。子育ては母親の仕事と決めつけてしまうのではなく、それぞれの得意分野で力を合わせて子どもを育てることができるはずです。

原始のままに生きることができれば、子育てはもっと簡単で、現代社会が抱える子育ての問題はなかったのでしょう。

でも、私たちが生きるのは複雑な社会です。この社会において、どのように子育てすることが子どもの幸せにつながるかを知っていたら、子どもにまつわる多くの問題は防ぐことができるのではないでしょうか。

そこで言われていることの一つが、父親の子育て参加です。

子育てを、今を無事に過ごすという視点からではなく、未来を見据え、長い目で見たときに、子どもに何が必要かを考える力、それこそが父性の力なのです。

第2章

成長段階別・お父さんにできること

お父さん、あなたは自立していますか?

講演などで受ける質問で、答えに困るものがあります。その一つが、子育てに関するものではなく、夫に関する質問です。

「家の中で自立していないのは、子どもではなく夫のようです。夫の自立を促《うなが》すために何ができるでしょうか?」

と言うお母さんがいます。

「家の中で一番手がかかるのが夫で、子どもたちに手をかけてやれないのが悩みです」

と訴えたお母さんもいました。

「お母さんがお父さんの世話で忙しい分、かえって子どもが自立していいじゃないですか」

と冗談を言ったこともありましたが、冗談ではすみません。

「ゲームは時間を決めて、と子どもに言っているにもかかわらず、夫は家にいると無制限にゲームに向かっていて、生活のけじめがつきません」

父親には子どものモデルになってほしいと願う母親が多い中、必ずしもそうではない現実があります。父親といえども人の子、完璧《かんぺき》な人間にはなれませんが、せめて懸命に生きる姿を見せたいものです。

子どものモデルであるという自覚のある父親は、子どもに関心が向いている分だけ、子どもの目を意識して、自らの生活にもけじめをつけようとします。ところが、その意識の薄い父親は、子どもを育てる立場にあることを認識せず、モデルとしての振る舞いに責任を持ちません。それでは、父親自身が自立をしているとは言えないでしょう。

自立していない父親は、子どもに対して父親としての興味を示さず、したがって父性を発揮した子育てができずに、それが問題となることがあるのです。

自立していない父親が子どもに与える弊害

父親が子どもに無関心でいると、子どもが自立に向かう過程で大切な多くの機会を失う恐れがあります。妻が母性で子どもを包みこんでいるとき、そこに中断を入れ、ぬくぬくとした母性から飛び出させて、自分で生きる機会を与えられないのです。

ヨーグルトのふたを自分で開けた男の子のように、日常のちょっとしたところで、父性は必要となります。

妻に「ちゃんとふたをはがしてやってよ」と言われて、「そうだね」とふたをはがしていたら、子どもは二人の母親を持っているようなものです。母親は二人もいりません。一人でも充分すぎるほどです。

お母さんに暴力を振るうという、やってはいけないことをやめさせる機会を失ってしまうこともあります。

第1章の五歳児の両親は、父親も母親も自立した人でした。母親は困っていることを自発的に冷静に父親に話して、二人でどうするかを相談できました。もし父親も母親も自立していなかったら、会話は難しいことになりかねません。

息子の暴力に疲れた母親は、

母親「何とかしてよ！　あなたは仕事でいつもいないからわからないのよ！」

父親「子どものことは君にまかせているじゃないか。大丈夫だよ。そのうちやめるって」

母親のイライラや心配は募って、父親への不満となり、父親の子どもへの無関心は変わりません。

あなたの自立度をチェック

人は、人生において四回の自立の機会が与えられていると言います。一回目は母の子宮から。二回目は親の膝《ひざ》から。三回目は親の価値観から。そして、最後は親からの自立ではなく、親になることによって経験できる自立です。つまり、親になることは、一人の人として自立する最後のチャンスであるということです。一人の人間（子ども）を自立させるために必要とされる、親の自立度を上げるチャンスです。

子どもができたらまず、一人の生活者としての自分自身の自立を確認してください。

①自分は親から自立しているか

経済的・精神的に親に頼ることなく、生活ができているか?

②妻から自立しているか

家事の負担を二人でシェアし、二人で協力して生活を作り上げているか？

③会社から自立しているか

与えられたことだけをやるのではなく、自発的によりよい成果を目指して、仕事を楽しんでいるか？

④一人の人として自立しているか

自分の身の回りの世話は自分でできるか？　子どもや家族に対して、彼らのモデルになるような生活をしているか？

自立した夫、自立した父親は、妻や子どもに関心を向け、彼らの変化に気づくことができます。自立した人は、自分で自分のニーズを満たすことができるので、落ち着いてほかの人のことを考えられるのです。

もう一つ、夫の自立に大切な要素は妻です。妻が夫に、夫として、また、父親として、何を望むかです。そして、その希望を「文句」としてではなく「主張」として伝え、夫婦で意見交換ができることが重要です。

乳幼児期にお父さんにできること①

子どもが生まれてしばらくの間は、ほとんどの場合、子育ての中心は母親です。でも、この時期にも、父親にできる重要なことがいくつかあります。

まず一つ目は、妻にやさしさを示す努力です。

妊娠中と異なり、出産後の母親の生活は大変な制限を受けます。それまでなら、おなかは大きくても、美容院に行くのも、買い物に行くのも自由でした。ところが、突然それができなくなるのです。

また、子どもが泣いて泣いて泣きやまず、食事の支度や掃除さえ思うようにできないこともあります。物事が思いどおりにいかないというのは大変なストレスです。

同時に、母親の性格にもよりますが、この時期、育児に関して大変な精神的ストレスを抱える人も少なくありません。自分が子どもを持ったという責任の重さや、うまく育てられるかという子育てに対する不安です。

もちろん出産後、母親の中ではどんどん母性が高まってきていますから、子どもをかわいいと思うその思いでストレスは癒《いや》されます。

問題は、母親が強いストレスを持ち続けると、その悪影響を最も受けるのが子どもだということです。

この時期、母親と子どもが深い絆を作ることが、その後の子育てに非常に重要です。

授乳のときなど、ゆったりとした気持ちでしっかり抱いて、子どもと視線を合わせ、やさしく語りかけながら、子どもの空腹を満たしてやります。こんなちょっとしたことが、その後の子どもの自己肯定感の形成には重要なのです。

母親の気分がおっぱいの味にも影響すると聞いたことがあります。イライラしたり、鬱《うつ》状態になっている母親のおっぱいはまずいので、子どもが喜ばない。よって、おっぱいへの吸いつきが悪い。子どもがおっぱいを飲まないから、余計に母親はイライラして悪循環になる、と。

また、乳児期初期において、母親が安定した気持ちで子どもの欲求を満たすことが、子どもが情緒豊かに成長するうえで大変重要であるとも言われています。

この時期に母親がゆったりした状態で過ごせないと、子どもの欲求が充分満たされず、子どもは心の深いところであきらめを抱えるようになるのです。そのあきらめが大きければ大きいほど、子どもは自分の欲求を素直に表せず、いわゆる扱いやすい子どもに成長してしまう危険があると指摘されています。

扱いやすい子どもを「サイレント・ベイビー」と呼び、警告を発する人たちもいます。扱いやすい子どもは、親にとっては楽ですが、子ども自身が心の奥に深いあきらめを抱えているので、いつかそのあきらめと出合って苦しむときが来るかもしれません。

つまり、母親が幸せな気分で子育てができるように、お父さんがちょっとした気配りをすることは、とても重要なのです。

一言、聞いてくれれば充分です。

「僕にできることない？」と。

妻も仕事で疲れて帰ってきた夫に、すべてをやってもらおうとは思いません。ただ「お疲れさま。大変じゃないか？」と声をかけてくれるだけで、自分は一人じゃない、守られているとわかり、心穏やかに子どもに向かうことができます。
ちょっとしたやさしさが、母親と子どもの絆が深まるのを可能にするのです。
そしてその絆が、子どもの成長を促進してくれるのです。

乳幼児期にお父さんにできること②

子どもの乳幼児期にお父さんができることの二つ目は、子どもとの絆を作る努力です。

父親は、母親の子育てのアシスタントではありません。父親には父親の役割があります。ただその役割は、生まれたばかりの子どもには必要ないものなので、いずれ必要となるときのための準備をします。

父親の役割は分離から発すると言いました。子どもを居心地のいい母性から引き離し、できることに挑戦させ、子どもに限界を設定します。

これらは子どもにとっては、時には居心地の悪いものです。居心地の悪さを与えるこれらのことを、うまくやろうとしたら、子どもと父親との間に心の絆が必要です。子どもが父親に愛されているという安心感です。

その安心感の中では、子どもは居心地の悪さを受け入れることができ、それが子どもを自立へと向かわせます。ですから、子どもがお父さんのことを慕っていることが重要です。

子どもに慕われるのはそれほど難しいことではありません。子どもを愛することです。関心を持って見守ればいいのです。そのとき、子どもは愛されていることを知り、愛してくれる父を慕います。

同時に、子どもの自己肯定感は高まります。その自己肯定感を土台にしてこそ、父性が発揮できるのです。

また、父親は、妻との関係を通して、子どもとの絆を作ることができます。夫との関係が幸せなら、母親は父のいない場でも、子どもが父を好きになるように心がけます。お父さんが大事な人であることを伝え、お父さんがいてくれるから家族が幸せに生活できていることを教えます。

不幸せな妻は、夫の不在中、子どもにそのことを嘆きます。父親のせいで母親が不幸せだと知ったとき、子どもは父親のことを好きになれません。

最近は、妻に代わって夫が育児休暇を取るケースも見受けられるようです。そんなことをしていたら望むようなキャリアが築けないと、家族や子どもとの時間を犠牲にして仕事にまい進する夫もいるでしょう。

でも、子どもか仕事かのどちらかではありません。仕事も大事ですが、子どもとの絆も大切です。

子どもとの時間を取ること、そして、どうしても時間が取れないときは、不在のあなたの存在感を高めてもらえるよう、妻との関係を確かなものにしておくことは、父親としての重要な仕事の一つではないでしょうか。

愛情は与えるもの、尊敬は勝ち取るもの

私は、アール・ウッズの子育て論をよく例に使います。

彼は天才ゴルファー、タイガー・ウッズの父親であり、彼を超一流に育て上げたコーチでもあります。彼の信念や教育法は、アスリートを育てるときのみではなく、誰の子育てにも参考になると思います。

アール・ウッズはこう言います。

親子がうまくいくためには、互いに尊敬する関係がなければダメだ。そんなよい関係が生まれるためには、愛情は与えるものであり、尊敬は勝ち取るものだと理解することだ。まだほんの小さな頃から、子どもの尊敬を勝ち取るよう努力するべきである。心を砕いていることや困ったことがあれば、いつでも助け舟を出す気持ちがあることを子どもに伝える。指導を与えるのは、求められ

たときのみにとどめるべきだ。

(アール・ウッズ著『トレーニング ア タイガー』小学館)

親がコーチとして子どもを導くとき、最も重要なことの一つが、その関係における絆です。しっかりとした絆で結ばれているとき、子どもは親を尊敬します。絆を作る唯一の方法は、子どもを愛することです。

ハートフルコミュニケーションを語るようになってから、時々、父親たちに言われることがあります。それは、ハートフルコミュニケーションは女の子を育てるときの考え方で、男の子の子育てにはそぐわないという考えです。

「男の子は殴《なぐ》らないとわからない」

と、そのお父さんたちは言います。

私は言います。

「拳固《げんこ》は一生に一回。大切に取っておいてください」と。

暴力を振るってでも止めなければならないことがあるとき、暴力は否定されるものではないかもしれません。「親父の拳固で目が覚めた」という話もよく耳にします。でも、それは一回だからです。

四六時中小突《こづ》かれている子どもは、暴力から愛を感じることはありません。暴力以外に子どもを説得できる術《すべ》を持たない親は、尊敬されることはないのです。

愛することに問題を抱えている親は

子どもとの絆を作るためには、子どもをまっすぐに愛することです。大切にすることです。

ところが、この「愛すること」に問題を抱えている親がいます。私はハートフルコミュニケーションの活動の中で、何度も何人もの母親から悩みを聞いてきました。

私が、

「子どもに愛することを教えてください。その方法は子どもを愛することです」

と話すと、彼女たちの目にはうっすら涙が浮かび、講演が終わるとそっと私のところにやってきます。そして言います。

「子どもをかわいいと思ったことがない」と。

あるお母さんは言いました。

「子どもをかわいいと思うのは、客観的によその子と比べて、うちの子は目が大きくてかわいいとか、鼻が高いとか、そういうことではないですよね。顔がかわいくなくても、ぎゅっと抱きしめたい、守りたい、離したくない、ってそんな感じですよね」

このお母さんは、自分の子どもをそんなふうに感じたことがないと言うのです。

そんなときに私は、いつも以上に子どもに触れること、ほおに触れながら目を合わせて「大好きだよ」と言うことをすすめています。抱きしめることをすすめています。ですから、子どもが幼いうちがいいですね。中学生で自分より大きくなった子どもにはやりにくいです。「ウザイ」と突き倒されて終わりです。

母親でさえそうですから、父親の中にはもっと「愛する」が何なのかがわからないという人がいるはずです。男性はそれさえ口にはしませんが。

ぜひ、赤ちゃんのときから積極的に子どもに触れてください。遊んでやってください。

ちょっと大きくなったら、取っ組み合ってじゃれてやってください。レスリングごっこです。思いっきり一緒にいてください。お父さんといると楽しいという思いをさせてやってください。

お父さんが大好きになり、それが子どもの自己肯定感を育て、絆を作ります。その父性との触れ合いが、子どもにとって社会へ触れる第一歩にもなるのです。

尊敬される親になるには一貫性を持つ

女性は感情的に物事を捉《とら》えがちです。よって感情に左右されやすく、態度に一貫性がないと言われます。

男性は論理で考えようとします。論理がそんなにころころと変わることはないので、一貫した態度で子どもに安心を与えることができるのです。

尊敬される親になるためには、一貫性を持つことです。そのためには、自分の考えに忠実でいることです。子育てに対する考え方を妻と確認し合い、常にその考えに沿った態度でいることで、子どもに安心を与えることができます。

これは男性の得意とするところでもあります。

子どもからの尊敬を勝ち取るなどと言うと、「自分は尊敬されるほどの人間じゃない」とか、「人間そんなに完璧にはなれない」と逃げ腰になる人がいます。

でも、子どもの尊敬を得るのはそれほど難しいことではありません。なぜなら、それは一般的に言う、尊敬されるような素晴らしい人間になることでも、完璧な人間になることでもないからです。

子どもは愛する準備をして、尊敬する人を探します。その対象は身近にいて、自分に関心を持ち、愛してくれるその人なのです。それが、小さな命が生き残るための戦略なのです。

その遺伝子に組みこまれた戦略が機能している間に、絆を作っておきましょう。思春期になる前に。

小学校入学頃にお父さんにできること

この頃、お母さんは子どもを社会生活に適応させるために、細かい指示を与えます。

小学校入学にあたって、ほかの子どもにできるのに自分の子どもだけができなかったらどうしようという焦りを感じるのでしょう。中には、必要以上のプレッシャーを子どもにかけて、子どもがふさぎこんでしまうという例も多く見られます。

三月頃になると、そんなお母さんの相談が増えます。

母「最近、うちの子ちょっと変なんです」
私「変って言うと？」
母「一人で考えこんで、涙をためたり……」

私「生活に何か変化はありませんか？」
母「いえ、特に……」
私「お子さんはおいくつ？」
母「今度、小学校へ入学です」
私「入学にあたって、お子さんにどんな準備をさせていますか？」
母「うちの子、大変なんです。身支度も食べるのも遅くて。言っているんですけどね、『それじゃ一年生になれないって』」

子どもがふさぎこむわけがわかります。

母親のアプローチは大変近視眼的です。子どもを今すぐしゃきしゃき支度ができて、食事を終えられるようにしたいと思います。そして、子どもがそのとおりにしないと、脅《おど》しをかけるのです。

まさに、今このときの子どもを守り、生活を整えることをしてきた女脳の行動と言えるかもしれません。先を見通し、望む結果が出るのを待つのではなく、今すぐそれを手に入れようとします。

支度の遅い子どもを脅しつける母親――さて、お父さん、ここであなたならどうしますか？

①母親と歩調を合わせ、「そうだよ。早く食べろよ」と言う。
②子どもに助け舟を出す。
③朝からうるさいのは嫌いなので、耳を閉じて無音の世界に逃げこみ、静かなときを過ごす。

①は、余計に子どもを窮地に追い詰めます。
②は、子どもを混乱させます。
片方の親が叱ったら、せめてもう一方は子どもの逃げ場になるほうがよいという信念を持って、あえて反対の立場を取ろうとする人がいますが、時に子どもは混乱します。「うるさく言うなよ。なあ。時間がかかってもいいからゆっくり食べろ」なんて言わないように。
③は、いずれ妻がキレるか、家族から疎外される覚悟が必要です。

近視眼的になりがちな母親をサポート

父親には別のアプローチができます。

支度が遅くても、食事がゆっくりでも、小学校に入学できることを父親は知っています。そしていずれ大人になって、問題なく人生を生きていくことを知っているかもしれません。内心、「僕がそうだった」と思っているかもしれません。

「よし、早く食べてお父さんと一緒に出かけようか」などと妻の意図をくみ取って、妻の意図をサポートするような声かけをしてみてはいかがでしょう。とにかく早く食べることではなく、その先の、お父さんと一緒に家を出る楽しみを子どもに期待させます。

この対応はちょっとしたことですが、妻にとっては夫に支えられているという安心感を持つ瞬間でもあります。

このサポートがなく、大変つらい思いをしたお母さんがいました。

今は小学生も携帯電話を持ちたがる時代ですが、まだそうなる前のこと。中学生の娘が携帯電話が欲しいと言いだし、お母さんは中学生にはまだ早いと娘を諭していました。娘は様々に戦略を駆使して、母親を説得したり、泣き落とそうとしたり。

そこへ父親が口を挟んできて、「いいじゃないか、携帯ぐらい」と娘を連れて出かけ、携帯電話を買ってしまったというのです。お母さんは「腹が立つというより悲しかった」と話してくれました。

このケースとは反対に、私の友人の一人は、たとえどんなことでも妻のやっていることをサポートする、という信念で子育てをしていました。

子どもたちが幼い頃、妻が子どもを叱る場に居合わせると、「何でお母さんに叱られたかわかるか？」と子どもに問いかけるように心がけたそうです。子どもに対して、母の立場や母の意見を擁護するためです。子どもには、父と母が一枚岩であることがわかります。

子どもはしぶしぶながら、自分が叱られたそのわけを父に話します。子どもはわかっているのです。たとえ感情的に受け入れることができなくても、自分がなぜ叱られたかを。

余談ですが、あるとき、お母さんに散々叱られた子どもに「何で叱られたかわかるか?」と聞くと、「うーん、お母さん、おなかすいていたんじゃない?」と子どもは答えたそうです。

子どもはわかっているのです。時に母は根拠のないことで感情的に叱ることを。しかも、子どもはそれを受け入れてくれているのです。彼は笑い話として報告してくれました。

母親は、自分の産んだ子に、時には異常に責任を感じたり、期待をかけたりします。「きちんと育てたい」と思います。そしてそれが、父親が持つような長期的な展望に立って、将来こうなってほしいというものからはずれて、今をきちんとさせることに集中してしまうこともあります。

そこに父親の助けが必要なのです。

母親の近視眼的な見方の先に、道をつけてあげてください。そうすれば、子どもはその道に沿って前に進むことができるのです。

まもなく思春期の時期にお父さんにできること

小学校に入学すると、もうまもなく思春期です。十歳になる前から徐々に親離れが始まります。親につきまとうこともなくなり、徐々にかわいくなくなっていきます。

子どものかわいさは哺乳《ほにゅう》動物の生き残り戦術です。哺乳類の赤ちゃんはどれもみんなぽちゃぽちゃとかわいくできています。かわいさで母性を魅了し、充分に面倒を見させるための戦略です。

ですから、かわいくなくなってきているというのは、一個の生き物として成熟し、自立しつつあることの証拠です。かわいさで親を魅了し、面倒を見させなくても自分でやっていける自信がついてきたということです。

何かと反抗したり、親を無視したり、突き放すような態度があったら、お祝いをしてください。あなたの子どもは自立し始めています。

この時期から、特にお父さんには意識してほしいことがあります。子育てに熱心なあまり、まるで第二のお母さんのように、子どもにうるさくしないことです。

時々、お母さんから「最近〇〇なのよ。ちょっと話してよ」と頼まれると、様子を細かく観察して、「これじゃいかん！」と子どもを改造すべく、細かい注文を出したりするお父さんがいます。思春期に近づくにつれ子どもにも独自の傾向が色濃く表れ始めます。それが父親の理想像と異なると、何とかしようと熱く子どもに語りかけます。

主体的に子育てに関わる熱血お父さんなのですが、子どもはきっと「うるさい」と思っています。「うるさい」と思われること自体に問題はないのですが、子どもと本音で語れる機会を失うことは、お父さんにとっていいことではありません。

うるさい役はお母さんにまかせて、お父さんならではの子育てに挑戦です。

子どもを何とかしようとしない

まずは、子どもを何とかしようとしないことです。そして、父親にしかできないことを探してください。

私の知り合いのお父さんには、サッカーや野球など、子どものスポーツクラブの世話人やコーチをしている人たちがいます。この先、ますます子どもが自立していくその前に、スポーツを通して子どもと共有できる時間を持てるからでしょう。

子どもが幼少の頃は、お父さんにじゃれ合いをおすすめしました。レスリングごっこです。

スポーツは、この時期の子どもとのじゃれ合いかもしれません。より高度な共有体験です。子どもの練習に付き合い、試合を見に行き、どうしたらもっとうまくできるか、子どもの意見に耳を傾けてください。

お父さんのほうが熱くなってはいけません。じゃれ合いもスポーツもゲームですから。お父さんのほうが熱くなると、子どもは身を引こうとします。自分のことでありながら、自分より熱い人間が現れると、人は抵抗を示します。スポーツを楽しむことや、スポーツから何が学べるかを一緒に見つけてください。

スポーツは苦手という父子もいるでしょう。何でもいいのです。何をするかは問題ではありません。一緒にいること、楽しむ体験を共有することが大切なのです。父子で魚釣りに行く、父子で一緒にプラモデルを作るなど、方法はいろいろあります。

子どもの話をよく聞く

そして、子どもの話をよく聞いてください。

親を避けるようになる前の子どもは、親が聞く姿勢を示す限り、いろいろと話をしてくれます。この間に、しっかりと子どもとのコミュニケーションの扉を開けておくことです。子どもの話を聞く姿勢のない親のもとでは、子どもは心を開いて話すことができません。

父親と共有体験があること、そして、父親が小言を言うのではなく、自分の話に耳を傾けてくれるとき、子どもは父を心の拠《よ》りどころにできるのです。

子どもに自分の話をする

子どもの話を聞くこととともう一つ、子どもの年齢に合わせて、お父さん自身の話をしてください。

お父さんが子どもだった頃にした遊び。夢中になったスポーツ。学校の成績。おじいちゃんのこと、おばあちゃんのこと。テーマは何でもかまいません。心に浮かんだことを、子どもにわかるように話してください。

男性と女性を比較すると、基本的に女性はよく話しますが、男性はあまり話しません。女性が数人集まると大変うるさい集団になりますが、男性のうるさい集団は酔っ払いのグループぐらいのものです。

子どもに対しては、「自分は無口だから」とか「何を話していいのかわからない」は棚上げにして、いろいろ話してあげてください。

仕事の話もいいでしょう。あなたは自分の仕事を子どもにわかるように話せますか？

ある組織の組織活性化プロジェクトの中で、社員に、「自分の仕事を、四歳の子どもにわかるように話してください」と提案したことがあります。世界中に支店を持つ巨大な金融組織でした。たった三分で、私は為替の仕組みをよく理解しました。

私はその瞬間、切に願ったものです。日本中の父親に、自分の子どもを相手にこれをやってください、と。

ぜひ、仕事の話をしてください。仕事の中で起こる楽しいことやうれしいこと。お父さんのかっこいいところ。問題や嫌なこと。それらをどう解決しているか、まだ解決できていないか。お父さんはどんな宿題を抱えているか。その宿題でどのくらい悩んでいるか——。

仕事の相談をしてもいいでしょう。

「どうやったら、もっと売れると思う？」

「どうやったら、部下が言うことを聞いてくれると思う？」

子どもは父を通して世界を見ます。そして、そんな世界に興味を持つでしょう。

これは働く母も同じです。私はそんなふうに仕事を語り、機会があれば仕事をしている姿を子どもに見せました。働いている父親の姿もよく見せ、最後に言いました。

「学問しようね。勉強していると、こうやって社会でお役に立てる。世の中の人のために働ける」と。

お父さん、出番です！

先日、あるお母さんから相談を受けました。学校で問題を起こした中学一年生の息子のことです。

「ご主人は何とおっしゃっていますか？」

と聞くと、

「息子がお父さんには言わないでと言うので、まだ話していません」

とのこと。彼女は息子のことだけでなく、夫に相談できないことも悩んでいました。

「もしご主人に相談したら、ご主人は何とおっしゃいますか？」

の質問に、

「忙しい人なので、結局は何もできないと思います。これまでもそうでした」

彼女いわく、夫は悪い人ではないのですが、仕事が忙しく家族のために時間をさけない。彼女は孤独に子育てをしてきたようです。冷たいとさえ思うときがあったそうです。

頼めば手伝ってはくれても、自分からは何もしない。仕事だから仕方がないとは思っても、彼女としても腑《ふ》に落ちないままの生活だったようです。

仕事は大事です。でも、父親は子どもの問題を避けて通ることはできません。今、子どもはいよいよ父親を必要としているのです。

きっと、もっと早くに子どもは父親に対してもシグナルを出していたと思います。でも、気づかなかったのでしょう。あるいは、気づかないふりをしていたのでしょうか。

気づかないでいると、どんどん問題は大きくなります。取り返しがつかないほどの大きさになってしまうかもしれません。

ちょうど借金の利子のようなものです。すぐに返済すれば大事にならずにすみますが、そのうち返す、そのうち返すと、督促状を無視し続けるとどうなるでしょう。利子に利子がついて大変な額になってしまいます。

不登校の息子と絆を作った父

私の知り合いの一人が、息子との葛藤《かっとう》のことを話してくれました。

息子が小学生の頃から不登校が始まったようです。それでも何とか卒業し、中学生になったとたんにいよいよ学校へ行かなくなりました。

小学生の頃は母親まかせにしていて、そのうち何とかなるだろうとたかをくくっていたそうです。物わかりのよい父を演じて、「行きたくなければ行かなくてもいい」と軽く言ったこともあったようです。それでも内心、きちんと学校に行かないのは母親の甘やかしのせいだ、と思っていたようです。

中学生になって、いよいよ学校へ行かなくなったとき、彼はまず腹を立てました。でも、彼の怒りは何の役にも立ちませんでした。

そこで彼は動きだしました。家では妻と、学校に行っては先生と話し合いを重ね、議論し、けんかをしたそうです。その結果、学校の先生とは一緒にお酒を飲むまでの仲になったそうです。

そして息子の話に耳を傾け、父の期待を伝えました。それらの体験が彼の人生観を変え、家族の絆を強めました。

今はもう社会人になる息子のことを話すとき、彼の目にはうっすら涙さえ浮かんでいたように思います。

「息子に父親にしてもらった」

彼はそう言いました。

思春期の娘に向き合った父

あるお母さんは、夫と娘の関係について話してくれました。

このお母さんは、娘を連れて今の夫と結婚し、二人の子どもを産んでいます。夫婦仲は円満で、家族も皆仲はいいのですが、夫と娘の間には言うに言われぬ遠慮があったようです。

中学生になって、何かと問題を起こすようになった娘と父との間は、ますます遠慮が広がったようです。その遠慮の壁を壊したのは夫でした。

ある日、娘が帰ってくるはずの時間になっても学校から帰りません。お母さんはほうぼうに連絡をして娘を捜します。夫が帰る頃になっても娘は帰ってきません。

ついに警察に相談するべきか、という頃になって娘が帰ってきました。お母さんは娘を叱りました。夫の手前もあり、余計に厳しく叱ったかもしれません。娘は反省する様子もなく、激しくお母さんに反発したそうです。

そしてお母さんは、このあと起こったことを思い出して、夫に深く感謝したと話してくれました。

妻と娘の激しいやりとりを静かに見ていた夫は、妻を黙らせ、娘に声をかけて座らせ、静かにゆっくり言ったそうです。

「心配した。俺はお前の父親だ。お前に何かあったら俺が守る。どうしたのか言ってくれ」

結局、娘は友人の悩みを聞いているうちに遅くなったということで、特に問題になるようなことはなかったと、両親は胸をなで下ろしたそうです。

遠慮の壁を作っていたのは自分かもしれない、とお母さんは話してくれました。夫が一歩を踏み出してくれなかったら、何も変わらなかったかもしれないと。

「表面的にはこれまでと変わらない関係ですが、娘が落ち着いたように感じます」

とお母さんは話してくれました。

お父さん、家族はあなたに守られています

夫や父親の仕事は、経済的に家族を支えることとともに、家族を守ることであると私は考えます。それは、母親の子どもに対するケアのように大変現実的なものとは異なり、抽象的な、精神的な心の拠りどころと言えるものではないかと思います。

かつて戦前の日本社会においては、「家」がその役割を果たしました。家にはそれなりの伝統があり、家長がいて、その中心は父性であり、父性が目に見えないシールドで家族を守りました。それは、その特定の家長個人に力があるかどうかとは関係なく、「家」や伝統に支えられるものだったのではないでしょうか。

そして戦後六十数年、価値観の変化や世界の情報化は、日本の「家」を崩壊させました。

人々は「家」の束縛から自由にはなりましたが、自分たちを守るものを失いました。家族は個人の自由を手に入れましたが、どこかで自分を守ってくれるものがあるという安心感を失いました。

自由というのは、ある一定の束縛された環境の中に生まれるものです。何でもありというのは自由ではなく、混沌《こんとん》でしかありません。親がある一定の環境を設定しない限り、子どもたちは、自由とか個性の尊重という名目のもと、混沌の中に投げこまれてしまう危険があるのです。

先日、ある学校の先生からこんな話を聞きました。クラスのある子どもの行為に不適切さを感じ、親とそれについて話し合おうとしたところ、母親に、

「それはあの子の個性です。子どもの個性を伸ばすために、家では自由に育てていますから」

と言われたそうです。先生は、何かが違うと感じながらも、親を説得できるだけの言葉を持たない自分が歯がゆかった、と話してくれました。

崩壊した「家」に代わって一定の環境を設定し、目に見えない危険から家族を守るのが父性の仕事です。

子どもを自由に解放することはいいことではありますが、その前に、自由に適応できるだけの知恵をつけさせることが重要です。そして、その知恵を持たない年齢の子どもには、彼らを守るシールドになってやることが大切です。

それが、「家」というシステムをなくした私たちの、新しい親としてのあり方なのです。

母親が下支えする母性で子どもを受けいれるとき、父親は父性で、子どもに社会で生きることの基本を教えなければなりません。それは社会の論理を教えることであり、世の中の厳しさや、生きることの価値を体験させることなのだと思います。

第3章

子どもの自立を促す三つの力

できる子どもにヘルプし続ける親

ハートフルコミュニケーションでは、親の役割を「子どもの自立をサポートすること」と定義しています。

まだ子どもが何もできない赤ちゃんの頃、親は母性で赤ちゃんを包みこみ、その小さな存在を守ります。赤ちゃんのできないことを代わりにやってあげます。つまり、「できない」をヘルプするのです。これは母性の仕事です。

ところが、子どもはすぐに大きくなります。できない時期は非常に短く、すぐにいろいろなことができるようになります。

できるようになった子どもに、それでもヘルプし続けたらどうなるでしょう。ある気質の子どもは、不要なヘルプから抜け出すために大変な抵抗をします。それによって、親子ともに疲れ果ててしまうことも少なくありません。

講演やワークショップで、行き詰まった若いお母さんの嘆きによく出合います。

「何が問題ですか？」

の質問に、

「子どもが全然思い通りにならなくて、もうクタクタです。おかしくなりそうです」

気の毒なほど疲れているお母さんもいます。

また、ある気質の子どもは、ヘルプの力に負けて自分の「できる」をあきらめ、ヘルプされるがままに身をゆだねます。

これは子どものやる気を奪い、生きるための術《すべ》を学ぶ機会を失わせます。そして、思春期に入る頃には大きな問題を抱えるようになります。その頃には当然できて当たり前のことが、できないのです。人間関係や、学習に向かう姿勢、葛藤《かっとう》との付き合い方など、自分で解決したことのない子どもは戸惑います。

母性のヘルプは子どもを包みこみ、子どもを愛し、子どもの存在を全面的に肯定し、生きる基礎を作ります。

ところが過剰な愛情は、子どもが徐々に自立する時期が来ても、子どもを離そうとはしません。まるで、愛情という名の深い沼に子どもを取りこもうとするかのようです。

そこには子どもを生きがいにしてしまった親の姿があります。

ヘルプからサポートへ

子どもの成長にともなって必要となるのは、子どもに対するサポートです。できるようになってきた子どもを見守り、より大きなことに挑戦するように力づけます。できることは子どもにまかせて、子どもの「できる」を援助します。まかされた子どもは、できることを増やして自信をつけていきます。

サポートは、子どもの才能を伸ばすコーチの手法です。

子どもが自分の人生を形成していくうえで、親に教えられることはそれほど多くはありません。今、私たちが生きている日々の中で、具体的に親に教えられたことをどのくらいやっているでしょう。それほど多くはないはずです。

子どもも同じです。彼らは自分の人生を自分の手で作り上げていくものです。親ができることといえば、具体的な何かを教えることではなく、自立して自分の人生が作れるよう、その下準備をしてやることです。

きちんとしつけをしたいという親はたくさんいますが、具体的に何ができるかということより、「生きる力」を子どもの中に育てることのほうが、子どもの未来をより輝かしいものにすると思うのです。

子育ての焦点は「今」ではなく「未来」

私たちの子育ての焦点は「今」ではなく、未来です。十年後、二十年後に子どもがどんな人生を生きているかに焦点を当てて、今日の子育てをすることが重要です。

人生を長期的に見て、子どもの今をサポートすることは、まさに父性の得意とするところです。

今日を無事に終えて、子どもを早く寝かしつけようと焦る母親や、思春期の子どもと一緒に自分もジェットコースターに乗っているような母親に感謝しながら、ちょっと高い視点から子どもの人生を俯瞰《ふかん》してみてください。

ここで、ハートフルコミュニケーションが提案する「子どもの自立を促《うなが》す三つの力」について触れておきましょう。子どもの自立をサポートするために、ハートフルコミュニケーションでは、子どもに次の三つのことを教えてくださいと提案しています。

それは「愛すること」「責任」「人の役に立つ喜び」です。

では順番に、その考え方に触れていきましょう。

子どもの自立を促す力①「愛すること」

まず「愛すること」です。

人間が生きていくうえで最も重要なのは、自分を肯定できることです。自分は人から愛されている、求められている、自分はこれでよい、自分は生きている価値があるという感覚です。

この感覚が持てないと、生きていること自体に意味を見出すことが難しく、大変生きにくい人生を送ることになります。

自分を肯定できるこの感覚を「自己肯定感」と言います。

赤ちゃんは、「自分は面倒を見てもらって当たり前」と思っています。だから、おなかがすいたといっては泣き、オムツがぬれたといっては泣いてそれを知らせます。まるで、えらそうな親父《おやじ》が「腹減ったぞー」と怒鳴っているようなものです。

違うのは、赤ちゃんはかわいいのです。親の母性に働きかけ、かわいいと思わせることができるので、赤ちゃんは生き延びることができます。温かい胸に抱かれながら、母性からの細やかなケアを受ける中で、子どもは愛されていること、ケアされる価値のある存在であることを肌で感じ、自己肯定感の基礎を作ります。

ところが、子どもが自分の意志によって行動を起こし、言葉で自己主張を始める頃になると、様々な不都合が起き始めます。赤ちゃんのときと違い、一方的なケアを受ける存在ではなくなるので、あらゆることに注文をつけ、親のやり方に反発します。自我が芽生えてくるのです。

親のほうが適度にそれを受け入れながら、うまく付き合っていく知恵が発揮できれば問題はありません。子どもは引き続き親に愛されていることを知り、のびのび育ちます。

しかし、親のほうに余裕がないと、子どもにとって環境は険しいものになります。子どもの芽生え始めた自我と、未成熟な親の自我が正面からぶつかり合って、親が子どもの自我を押さえつけようとするからです。余裕のない親のもとでは、日々バトルの連続です。

そのバトルの中で、親は実に激しく子どもを叱咤《しった》したり、激励したり、否定したりする言葉を吐き出します。私は講演の中で、冗談を交えて、「皆さんのお宅ではこんなことは言いませんよね。（かなり激しい口調で）『もう、いい加減にしなさい。何べん言ったらわかるの。ダメだって言ったでしょう。早くさっさとやりなさい！』」

母親たちはくすくす笑います。あまりにも自分の口調に似ているから。そんな具合に、激しい言葉を使って、子どもを自分の思いどおりに動かそうとします。子どもが成長するにつれ、その内容は、勉強や生活、友人、進学と様々な分野に及び、子どもを縛りつけます。親が子どもの人生を支配してしまうのです。子どもは自分の人生の主人公になれません。

そんな中では、子どもは自分というものを確立できず、親の自我に沿って生きる、まるで操り人形のように育ってしまいます。あるいは、徹底的に戦って親を否定し、操り人形にはなるまいともがきます。

いずれの場合も、一人の人間として、親という別の存在から愛されていると感じることができません。そこは自己肯定感が育ちにくい環境です。

子どもの中に自己肯定感を育てられないもう一つのケースは、親の無関心です。

子どもの自我を押さえつける以前に、自分のことで精いっぱいな未成熟な親は、子どもの存在に興味を持てず、子どものケアが充分にできません。子どもは、生きるうえでの最低限の安心を保障されないまま生きることとなり、この場合も子どもの自己肯定感は育ちません。

ハートフルコミュニケーションで提案しているのは、親が余裕を持って子どもと接することです。子どもに関心を持ち、子どもを一人の人として尊重し、その人の自我の芽生えを柔軟に受け止め、親の自我を押しつけない子育てです。子どもに生きている価値と喜びを感じさせる子育てです。

そのために必要なことは、親自身の自立です。親が一人の人として、生活的に、経済的に、精神的に自立しているとき、子どもの自立は促進されると考えます。

なぜなら、親は日々の生活の中で子どものモデルとなって、「生きるとはどうあることなのか」を教えるからです。自立した親から、子どもは自立したあり方を学ぶからです。

親に大切にされ愛されて育った子どもは、自分を愛することができます。自己肯定感が育っている子どもは、自分以外の人も愛することができます。彼らは生きていることを愛し、世間を愛します。そして彼らは世間からも愛されるのです。

父が教える「愛すること」

さて、お伝えしたように、自己肯定感は母性によって育まれます。父親も母性を発揮して、子どもを包みこむことができます。母親の腕より、よりしっかりとした大きな腕で抱きとめられることは、子どもにとっても大きな安心となるでしょう。

そしてもう一つ重要なことは、父の愛は、子どもに対して間接的に示されることも多いということです。

母が子育ての中心である家庭においては、特にそうです。母性を発揮して子どもの自己肯定感を育てようとする妻を、その外から包みこむのが夫の、父としての役割でもあります。

ところが残念なことに、世の中には子を支えるどころか、妻を支えるどころか、子どもの問題に恐れをなして逃げる父がいます。父自身が、不安を感じる妻を受け止めきれない、子どもの問題を受け止めきれないと感じるのでしょう。

これまでにいくつも受けた相談の中に、そんな父たちはいました。母が語る問題の中に父の姿が見えません。「ご主人は何とおっしゃっていますか？」の質問に、母の答えはあいまいです。

はっきり、「あの人は父親としては当てになりませんから」と言う母もいました。そんな母はまだ大丈夫です。母自身が父性をも発揮して、当てにならない夫を当てにして傷つくより、自分でできる限りのことをしようと頑張ります。

父としては当てにならなくても、自分にとっては一人の人として魅力的だと考える母は、母自身が大変魅力的で、頼もしく、子どももいつか落ち着いていきます。

ところが、逃げる夫を嘆き悲しんでいる妻は悲惨です。子どもの問題だけでなく、夫の問題も抱え、その両方で悩むのです。

仕事に逃げる夫、解決に向けての行動から逃げて時を無駄に過ごし、問題を大きくしてしまう夫、そのうち何とかなると言い訳に逃げる夫。これまで聞いてきた話は様々です。

父の愛は支えることです。家族を守ることです。大変なときこそ、父がしっかり支えるその手が、子どもに愛することを教えます。

家族を愛し守るために行動した父

小学二年生の娘を持つお父さん、Ｋさんの体験です。

一家は新しい家に引っ越すことになり、娘は小学校を転校しました。転校初日、緊張する娘を迎えたのは、ほかの子どもたちを叱り飛ばす担任の姿でした。娘はおびえます。

さらに彼女の緊張を高めるものがありました。今までにしたことのない勉強方法です。慣れている子どもたちには一、二分でできることが、初めての彼女には四十分かかってしまうのです。先生は、時間をかけてできるようになるのを待つタイプの人ではありません。「ほかの子たちはできている」と過度のプレッシャーを与え、彼女を追い詰めます。

娘は不安を強め、萎縮《いしゅく》していく一方です。もともと学校好きで元気な娘から笑顔がなくなり、ついに登校を渋るようになります。娘は大変つらい体験をしていました。

悩む母親に、担任は「子どもの問題は母親のせい」と言い、「母子分離ができていないからだ」と自分の対応を変えようとはしないのです。力を合わせて子どもの登校を促すどころか、適切なコミュニケーションさえ取れない状態であることを理解したとき、Kさんは動きました。問題を抱えたままにせず、娘の不安を取り除くために、学校から援助を引き出そうとしたのです。

校長とも何度も話し合いを重ねました。「担任はベテランの先生だから」と現実を見ようとしない校長に、声を荒らげたこともあったようです。何としても娘を助けたかったのです。

努力の結果、最終的に対応は変わりましたが、問題は解決したわけではありません。

彼は、疲れ果て消耗しきった妻と娘を支えるため、娘が「一人で行けるから」と言いだすまで学校へ送り、仕事が休みの日には妻に代わって、トラウマから解放されていない娘に付き添い、教室の廊下に控えていました。

Kさんの妻は言います。

「学校も周りもすべてが『お母さんの育て方が悪い』と私を責めたとき、夫だけは責めることなく話を聞いてくれて、実際に動いてくれた」

と。そして、しばらく月日がたってから、娘が言ったそうです。

「あのとき、学校に行くのは本当につらかったけど、自分はすごく頑張ったと思う」

Ｋさんの妻は振り返って語ります。

「愛され、支えられると、乗り越えたときには自信になるのだと実感しました」

お父さんが一家を守ったのです。子どもの問題から逃げずに、悩む妻に寄り添い、すぐに行動を起こしました。

娘は今、四年生。元気に登校する毎日です。父の愛とは、時には子どもを守るために戦うことなのかもしれません。

「なるべく娘と一緒にいようと思った」

Ｋさんの印象的な言葉です。

子どもの自立を促す力②「責任」

愛されていることを基本に、子どもの自立に向けて次に親が教えることは「責任」です。責任とは、英語の「RESPONSIBILITY」です。「RESPONSE（反応する）」＋「ABILITY（能力）」、つまりここで言う責任とは「反応する能力」のことです。

出来事に対して反応する力があるということは、その状況をよりよい方向へ持っていこうとする能力があるということです。その出来事をうまく処理することを考えたり、その出来事の原因を考え、結果を変えるために、対応しようとする力です。よりよい結果を得るために、原因となるものを変えようとする能力です。

つまり、考える能力と、行動を起こす、あるいは変える能力です。

そんな高度な能力はもっと大きくなってからしか身につかない、と考えるかもしれませんが、実は「愛すること」と同じく、基本的に幼いうちに身につけるものです。

例えば、食卓で幼い子どもが飲み物をこぼしたときのことを想像してください。あなたの家庭では、そんなときどうしますか？

親が慌《あわ》てて布巾を取りに行き、テーブルを拭《ふ》くというのはよくある光景です。親が慌てて後始末をしている間、子どもはそれを眺《なが》めています。子どもは、自分が起こした出来事に反応する必要がないのです。不都合が起きれば、親が反応してくれるから。子どもにとっては、自分で起こしたことながら他人事《ひとごと》です。

ところが、飲み物がこぼれたとたん、親が「あら！」と立ち止まったらどうでしょう。

子どもが自分でいすを下りられるようになっていれば、いすを下りて布巾を取りに行きます。それは、これまでの経験で、飲み物がこぼれると親が慌てて布巾を取りに行ったのを繰り返し見ているからです。そして、おぼつかない手つきでテーブルを拭いてくれるでしょう。これが反応する能力です。

この間、子どもの頭では、大変な速さで思考がめぐっているはずです。「あ！

大変だ。どうしよう。布巾だ！　取ってこなきゃ！」という具合ではないでしょうか。

もし、「うちの子はのんびり屋で、そんなことすぐに思いつかない」とおっしゃるなら、親が言葉を添えてもいいのです。

「○○ちゃん、布巾取ってきて」

そうすれば子どもは動けます。

目の前に起こっている状況に対して反応して行動を起こす、これが責任の基本です。

これは、人間の持つ生活力そのものです。大人も子どもも、行動を変えて、あるいは起こして、欲しい結果を得ようとしないと、自分の欲しいものを手に入れることはできません。欲しいものを手に入れるのを、ほかの人に頼ったり、運に頼ることになります。あるいは、欲しいものが手に入らない日々を送ることになります。

困った光景に出合ったことがあります。

まだ、我が家の子どもが小さかった頃、ママ友と一緒に子どもを連れて、ファミリーレストランでお昼を食べていました。すると、友達の子どもがテーブルに水をこぼしてしまったのです。たいした量ではありませんでしたが、友達はお手拭きやナプキンでせっせとテーブルを拭きます。

その子どもはというと、その間ずっと泣いているのです。お母さんに叱られたわけでもないのになぜ泣くのか、私は不思議に思いました。

聞いてみると、ずっと以前、子どもとご飯を食べていたとき、子どもが水を食卓にこぼしたそうです。なかなかご飯を食べなくてイライラしているところに、水までこぼされ、カッとなった彼女は、大きな声で子どもを叱ったと言います。

それ以来、子どもは食卓で水をこぼすと、まず自動的に泣き始めるのだそうです。これでは、子どもが布巾を取りに行くことは期待できないな、と思いました。

日常生活の中で反応する能力を育てる

反応する力を身につける機会は、あらゆるところにあります。

例えば、子どもの遊びです。パズルなどで間違ったピースをはめると、パズルは完成しません。子どもは自分の間違いに気づき、完成を目指して、やり方を変えます。正しいピースをはめることができれば、パズルは完成です。

コップに注いだミルクを、こぼさずに食卓まで運ぶやり方も同じです。子どもはこぼすことを繰り返し、やり方を変えて、いずれ正しいやり方を学びます。

このとき子どもは、こぼすことを失敗とは思っていません。ただ、「こぼした」と思うだけです。「こぼれたね。こぼさずに運べるようになるかな」と声をかければいいのです。そのプロセスは、こぼれたことを認め、その結果を作った原因を変えることで、新たな結果を手に入れようとする意欲を高めることです。

人間関係も同じです。砂場で傍若《ぼうじゃく》無人《ぶじん》に振る舞うと、ほかの子に遊んでもらえなくなります。遊びたければ、子どもは自分の態度を変えなければなりません。

毎日の生活が、子どもにとっては責任を学ぶ機会なのです。

子どもの課題を取り上げてはいけない

実家に帰ったときのこと。甥夫婦が私を最寄り駅まで送ってくれました。甥夫婦には二人の子どもがいて、長女はまもなく三歳です。

車から降ろしてもらって、パパが私の荷物を車から降ろしている間に、彼女は私の前を、駅の改札に向かってとっとこ歩きます。ママが叫びます。「こっちよ！」。長女は全然聞いていません。

そこで、私が立ち止まって静かに「はい、それじゃ、横浜に帰りましょう」と声をかけると、長女はハタと立ち止まります。

長女は考えます。三歳の脳はフル回転です。どうやらこのまま行くと、この人とどこかへ行くことになるらしい……そう思った彼女は、パパとママのほうを振り返ります。「間違ったかな？」。そう考えているようです。

そこでもう一言。「はい、じゃ、パパとママにさようなら言う？」。長女は大慌てです。

いきなり百八十度の方向転換をすると、一目散に両親に駆け寄ります。彼女は自分の行く方向はまずいことに気づき、大慌てで方向を変えました。その結果、安心できるパパに抱かれて、どこかに連れ去られる恐怖から身を守りました。

このどこにでもありそうなやりとりが、子どもの反応する能力を育てます。

親がしなければならないことは、常に子どもの課題を取り上げずに、子どもの課題として本人にまかせておくことです。

自分にまかされている限り、子どもは自分で考えます。そして自分で判断します。このとき、親はそばに寄り添い一緒に考えます。こんなことの繰り返しの中で、もっと大きな問題に向かうことができるようになるのです。

ところが、子どもが抱えるはずの課題を子どもにまかせずに、親が処理してしまうことがよくあります。パズルのピースを、なかなかできないからと親が勝手にはめてしまう。ミルクをこぼされると嫌だからと、子どもは座らせておいて親が子どもに給仕する。砂場で傍若無人に振る舞う我が子に、反省の機会を設けない――。

朝起きてから夜寝るまでの一日の中で、親はどのくらい子ども自身にできることを取り上げてしまっているでしょう。子どもが考えることを子どもにまかせず、親が結論を出して行動していることがどんなに多いでしょう。

子どもから行動のチャンスを奪い、考える機会を奪うことが多ければ多いほど、子どもの反応する能力は鍛えられません。

反応する能力を養われず、いつまでも親に頼る子どもを嘆く言葉をよく耳にします。親は言います。

「もう、いい加減に自分で考えたらどうなの」

「自分でやったらどうなの」

ところが、その考えるとか、自分でやるという訓練の場を与えてこなかったのは、親のほうなのです。

「責任」を教えるのは父性の仕事

責任を教えるのは明らかに父性の仕事です。

母性は子どもの不快を好みません。子どもが苦境に陥ると、即座にそこから子どもを救い出します。子どもが自分の手で苦境から脱出するのを待てないのです。

父性は、子どもが問題を解決するのをじっと待ちます。その間子どもが苦境に立たされるのを見ていられるのです。その先にある、子どもが学ぶであろうもののために、一時の子どもの不快を見守ることができるのです。

ですから、基本的に父親のほうが、子どもに対しておおらかに、野性的に接することができます。子どもの大好きなちょっと危ないことも、今までやったことのない大人っぽいことも、父親と一緒のときのほうがやれる確率が高いのです。

だから、子どもたちは父親が大好きです。母親がやらせてくれないことを、父は、言葉にしなくとも「君にはできる」とやらせてくれるからです。

あるお母さんと五歳の娘の何気ない会話です。

お母さんは細やかに気のつく人です。子どもの面倒をよく見ます。レストランへ行くと、不織布《ふしょくふ》のお手ふきの薄いカバーを破って、どうぞと子どもに差し出します。娘は、ありがとうと手を拭きます。

あるとき、お母さんがお手拭きを差し出す前に、娘は自分でお手拭きを取り出して手を拭きました。お母さんは言います。

「あら、自分でできるのね」

娘は言います。

「パパと一緒のときは、いつもパパは私にやらせてくれるの。だって、パパは私ができることを知ってるんだもの」

パパでなくても、五歳になればそのくらいのことができることは、誰でも知っています。ところが、親切な母性は、当然できることにまで手を出し、やってあげてしまうのです。

父親は冷静です。子どもの反応する能力を伸ばすために、余計な手出しをせずに、子どもの課題は子どもにまかせ、考えるチャンスを与え、行動を促し、責任を教えます。この繰り返しの中で、子どもはたくさんの経験を積みます。

その経験の中にはたくさんの失敗が含まれていますが、大人の思うような失敗ではありません。大人が「失敗した」と言うとき、そこには否定的な意味合いがあります。でも、子どもにはありません。課題をまかされて、自分で解決してきた子どもにとっては、失敗は一つのプロセス。欲しいものを手にするための通り道です。

この経験の中で、子どもは、物事は思い通りにはいかないことを学び、時には欲しいものを手に入れるのは簡単ではないと学びます。あるいは、欲しくても手に入らないものがあることを学びます。

実は、この体験は子どもの成長にとっては大変意味のあるものです。責任を学ぶプロセスの副産物と言えるでしょう。

第1章で、子どもの自己肯定感は万能感と一緒に育つと書きましたが、欲しいものが簡単に手に入らないプロセスは、まさに万能感をシェープアップするプロセスでもあるのです。しかもそれは、何年もかけて徐々に起こりますから、万能感をつぶされるという体験ではなく、徐々に大人っぽくなるという感覚です。

同時に、簡単に手に入らないものが手に入ったとき、子どもは有能感を体験します。やればできる、やった分が結果となって自分に戻ってくることを学びます。このように、子どもの万能感は徐々に有能感へと育っていくのです。

母性の中で、甘やかされて、愛されすぎて育った子どもは、何でも簡単に手に入ります。親がやってくれるのです。親が与えてくれるのです。ですから、簡単には手に入らないという体験をしません。何でも欲しいものが簡単に手に入ります。

したがって、万能感もシェープアップされないまま、親に与えられたものを自分の力であると勘違いします。

最近、万能感でいっぱいの子どもに関する相談をよく受けます。「自分を何様かのように思っているようです」と親は言います。

聞いてみると、ほとんど例外なく、責任を教えていないのです。お母さんが大事に大事に育て、お父さんが父性を発揮しなかった子育ての結果です。

子どもの自立を促す力③「人の役に立つ喜び」

仕事などのやりがいを聞くと、人はよく「お客様に喜んでもらえるのがうれしい」とか、「周りの人から『ありがとう』と言われると頑張ろうと思う」というようなことを言います。

私たちは、人との関係の中で、自分が相手の役に立っている、人が自分を、自分の働きを喜んでくれているということを知るのが好きです。

くたくたになるまで一日働いて、最後に「ありがとう。おかげで仕事が進んだよ」と言われ、疲れが吹き飛んだという経験をしたことはありませんか。時間をかけて作った料理をみんながおいしそうに食べるのを見て、また作ろうと思ったことはありませんか。

私たちは誰もが、人の役に立ちたいという欲求を持っています。どんな幼い子どもも同じです。この欲求は、人の役に立つことで、みんなにほめてもらえるとか、自分の居場所を作ることができるというものとは異なり、もう少し高次な「貢献の欲求」と言えるものです。

世界の歴史を見ると、正義を守り、人々を救い、世の中を変えるために身を捧げた人はたくさんいます。そこまではいかなくても、「何か意味のあることのために働きたい」「自分の周りに幸せを作りたい」と人は思います。

この欲求は、うまく引き出されることで、非常に豊かなパーソナリティーの一部として子どもの自立を助けます。

例えば、人の役に立つ喜びを学んだ子どもは、自分の周りの環境に配慮することができます。人に対して親切です。協力的です。公共のマナーなどを一つ一つ教える必要もなく、周りと調和して生きることを自然に学んでいきます。

生活のパートナーとしてお手伝いをお願いする

人の役に立つ喜びを教えるためには、まず、幼い頃から家族の役に立ってもらうことです。つまり、それはお手伝いです。

講演のときなどによく「お子さんにお手伝いをしてもらうお宅は？」と聞きますが、意外と手が挙がらないことが多いのです。全体の一～二割でしょうか。

これは多くの親が、子どもを生活のパートナーとして捉《とら》えていないということだと思います。子どもはあくまで親が世話をする対象であって、親がパートナーとして協力し合って生活する相手ではないと思っているのです。だから子どもには手伝いを依頼しません。

小さい頃からパートナーとして協力を求められてきた子は、大きくなっても比較的気持ちよく親の手伝いをしてくれます。

我が家の子どもも、五～六歳頃にはよく役に立つようになっていました。

「お母さんは、〇時までにこれをしなくてはいけないの。お母さんの代わりにお使いに行ってくれるかしら？」

子どもは、私を助けるために意気揚々《ようよう》とお使いに出かけました。

そして、帰ってきた子どもにかける言葉は、

「本当にありがとう、助かりました」

子どもは一つ一つのお手伝いで、親を助けることができます。これが人の役に立とうとする気持ちの基本です。生活を維持するためにはあなたの助けが、あなたの働きが必要だというスタンスで、親は子どもにお手伝いを依頼します。そして、働いてくれた子どもに感謝します。

そんな基本を作らずに、十歳にもなる子どもに、

「『あなたはもう大きいのだから、家の手伝いぐらいしなさいよ』と、お風呂洗いを子どもの仕事にしたのに、ちっとも約束を守りません」

と訴える親がいます。

お手伝いの基本は、子どもが親を助けることです。パートナーとして親を助け、生活のための仕事を、分担することです。嫌な仕事を押しつけられるという

のでは、子どもは動きません。

子どもに、お父さんを手伝うチャンスを与えてやってください。そして、子どもが手伝ってくれたときは、「ありがとう。うれしかった」の一言をかけてあげてください。子どもは、自分がお父さんの役に立てたことを誇りに思います。

そして、親の役に立つ喜びを体験した子どもは、その親との関係を基盤にして、ほかの人との関係のあり方を学んでいくのです。

第4章

自分と子どものために仕事を見直す

もっと子どもと時間を共有しよう

あるお父さんの嘆きを聞いたことがあります。

小さな会社を経営しているそのお父さんは、ちょうど子どもたちが生まれてから中学生になる頃までは、仕事を軌道に乗せるのに大変な時期でした。子どもが寝ているうちに出かけ、子どもが寝てから帰る毎日です。週末も働いていました。たまたま朝ゆっくり出かける日があり、娘から「また来てね」と言われたときには言葉がなかったと言います。

その彼が、部下を育ててようやく仕事をまかせられるようになって、少し余裕ができた頃、家庭の中に自分の居場所がないことに気づき、愕然《がくぜん》としたそうです。

子どもの手が離れ始めた頃から働き始めた妻は、仕事と家事、ＰＴＡの行事、子どもの相談に乗るなど、いきいきと生活しているにもかかわらず、自分には子どもは何も相談してこない。妻と子どもの会話を横で聞いていても、会話に参加することもできない。

彼はつくづく言いました。

「幼いときに時間を共有していないと、本当には子育てしたとは言えない」

家族の生活を支えるために外に出て働くことは、親にとって大変重要な生活の一要素です。経済的な基盤がないと、生活自体が成り立ちません。

ところが、仕事のみを優先させてしまうと、このお父さんのように、個人の人生において得られるはずの喜びを失ってしまうのです。

喜びを失うのは父親だけではありません。子どもも含め、家族全員が温かい関係を楽しむことができなくなるのです。悪いことに、その結果はずっとあとになってからでないとわかりません。

人生のその時期において、何を優先するべきかをよく考えることが大切です。優先するものが何かがわかれば、時間は作れます。子どもの自立を促し、子どもに自分自身の生活を幸せに導くことのできる力をつけさせたいと思えば、子どもとの時間を作れるでしょう。

女性の社会参加はお父さんたちのチャンス

私は人材開発のコンサルタントとして、企業の人育てのお手伝いをしています。長くこの仕事をしてきたので、少しは社会や人々の変化も見てきました。

その中で、最近、これまでにないことを体験しています。

企業で打ち合わせや研修などをしていると、夕方慌《あわ》てて帰り支度を始める若手リーダー層の社員がいます。何事かと見ていると、

「すみません。妻が仕事の都合で子どもを保育園に迎えに行けないので、私が行くことになりました。お先に失礼します」

とさっさと帰ってしまいます。上司や周りも特に驚く様子もなく、ごく当たり前のことのように対応しています。最初は「はぁ?」と驚きましたが、最近は慣れて見送ることができるようになりました。

先日の研修では、ある企業の研究職の人たちを対象に、研究内容をプレゼンテ

ーションするための訓練をしました。二日目の昼食後、一人の参加者が「僕のプレゼンを最初にしてください」と申し出てきました。

聞いてみると、熱を出した子どもを保育園に迎えに行かなければならないのだが、せっかく準備したプレゼンを皆に聞いてもらって、フィードバックを受け取ってから行きたいと言うのです。

つまり、「すみません」と小さくなって帰っていくのではなく、欲しいものはきちんと手に入れて、そして熱のある子どもを迎えに行きたいと言うのです。子育ても仕事もという姿勢です。

彼は一番にプレゼンをして、ほかの参加者からのフィードバックを受け取り、会議室から飛び出していきました。

私は仕事の関係で、いくつかの企業の女性活躍支援に関わっています。優秀な人材を確保するため、企業は、まだまだ活用しきれていない女性の能力に目を向けています。子どもを産んでも、組織に残って何とか活躍してほしいと、企業は女性たちに熱いメッセージを送ります。同時に女性たちも、子育てしながら社会参加する道を模索しています。

そしてそれは、父親たちに子どもと過ごす時間を与えてくれることになります。

「妻が働くから仕方なく」ではなく、お父さん自身が子育てを楽しむために、子どもと時間を共有してください。

それは、最終的にお父さんの人生を豊かにする一つの道なのです。

子どもとの時間を作るため、仕事の仕方を見直す

子どもとの時間を作り出すために見直さなければならないのは、どう働くかということです。どう働いて、子どもとの時間をどう作るかです。

子どもとの時間を奪う要素の一つとして、残業を例に取ってみましょう。あなたは毎月、どのくらいの残業をしていますか？　そして、そのことについてどのように感じていますか？

日本の高度成長期に培《つちか》われた古い考え方に、労働時間の長さが仕事に対する熱意の表れであるというのがあります。でも、それは幻想です。それは、よりよい働き方を見つけられない人たちの言い訳です。

残業が続くような働き方には、何一つとしていいことはありません。精神的にも肉体的にもストレスがたまります。睡眠時間を減らしたり、深夜に食事を取ったりするので、健康を害することも少なくありません。

ある企業で、キャリアデベロップメント研修をやったときのこと。発言内容からして大変優秀だと思える一人の参加者が、「仕事は面白いが、与えられた以上のことはやりたくない」と発言しました。上司からのコメント欄には、「周りの期待を察して、もう少し柔軟に」と書かれていました。

プログラムが進むにつれてわかったことは、長時間労働をよしとする上司のもとでは、やる気を出して新たな仕事にも取り組むことは残業が長くなることを意味し、それは本人の希望するワークスタイルではないということでした。

その人は、仕事は好きなのですが、それだけでは嫌なのです。家族との時間も楽しみたい、趣味の時間も持ちたい。ですから、下手にやる気を出さないほうが、生活を守れるのです。

会社にとっては、宝の持ち腐れです。そこに能力があるにもかかわらず、長時間労働をよしとする文化の中においては、彼の能力を引き出すことはできません。

その後、彼は「長時間労働をせずに、やってみたい仕事を実現させる方法は？」という課題に取り組みました。仕事の質を高めるためのアイディアを出し、仕事の時間を延ばすことなく、その一つ一つと取り組み始めています。

社員に長時間労働を求める会社の問題は、ほかにもあります。社員の能力を引き出せないだけではなく、組織としての成長も望めない恐れがあるということです。組織も、働き方は個人の問題として放置せずに、マネジメントの能力を伸ばして、一定の時間内で、仕事の量質ともによりよい成果が生まれるようなやり方を工夫することが重要でしょう。

残業によって時間を延ばして、増えた仕事をこなしても、社員の成長には結びつきません。同じ時間の中で、より多く、より質の高いものを仕上げて初めて、社員も会社も成長します。そんなやり方を工夫しない限り、今やっていることが未来へとつながってはいかないのです。

一人でやる仕事も、チームでやる仕事も、時間で問題を解決しようと考えずに、思考する力を解決の中心に置くことです。

時間を増やして解決された問題は、次回また時間を増やしてやらなければなりません。ところが、なぜこれだけの時間がかかるのか、もっと早くやる方法はないのかを考えることができれば、それ自体が組織の成長につながります。

自分から一歩踏み出す働き方を

同時に、それは会社の問題なのかというと、それだけではありません。働く個人の問題でもあるのです。

「会社が……」「上司が……」と言っている限り、自分の周りでは何も変わりません。今以上の仕事を、今と同じ、あるいはより短時間で仕上げるにはどうすればいいかを考えなければなりません。

そして、実行し、結果を作り、周りを巻きこんでいくことが何より重要です。なぜなら仕事は一人ではできないからです。周りがあなたの働き方を認め、協力し、「あいつの言うことなら」と信頼を勝ち得るとき、あなたは周りに影響を与えることができるのです。会社が何かをやってくれるのを待つのは、時間を長く働く姿勢と同じです。

自分から働きかけて新しいやり方を試すためには、思考する力を使うことになるでしょう。つまり、自分の理想とする働き方は待っていては与えられない、ということです。自分から一歩踏み出す働き方が重要です。

そしてその姿勢こそが、自立した個人であり、親として子どもに見せたいあり方ではないでしょうか。

仕事を楽しもう、いい仕事をしよう

子育てをする親へのメッセージとして、私は必ず「仕事を楽しもう、いい仕事をしよう」と言います。

私は様々な企業で、多くの働く人と出会います。働くことに向かう姿勢は、人によって様々です。

「仕事が好きだ」と言う人はたくさんいます。

仕事は楽ではないけれども、楽ではない中にもやりがいを見つけて、少しでも自分の仕事を面白いものに、意味あるものにしようと努力する人たちです。仕事に夢を持ち、その夢を実現するべく努力する人たちです。

反対に、「仕事には多くを求めない」と言う人もいます。

生活のため、給料を受け取るためにやっていることで、面白さだの、やりがいだのというものは、求めても仕方がないと考える人たちです。努力をしても得をするのは会社だけで、自分には何もいいことはないと考えます。

何が違うのでしょう。上司のマネジメントの仕方でしょうか？　上司との相性でしょうか？　会社の方針の違いでしょうか？

それもあるでしょう。でも違いのほとんどは、本人のやる気の問題です。

自分自身のために夢を持って仕事に向かう

私が、親たちに「仕事を楽しもう、いい仕事をしよう」と言う理由は二つあります。

まず、その一つは自分自身のためです。

私たちは、少なくとも週に五日、一日最低八時間は働いています。それが一年十二か月、そして何年も続くのです。その時間が面白いものでなかったら、楽しいものでなかったら、やりがいのあるものでなかったら、それは大変な時間をただの労働に費やすことになります。ただの労働はつらいものになりかねません。

ところが、そこに何か一つ夢や目標を持つことができたら、状況は一変します。何か目指すものを見つけることができれば、長い時間の労働を、楽しみの時間に変容させることができるのです。

そのとき私たちは、「仕事を楽しんでいる、いい仕事をしている」と感じることができるのではないでしょうか。

まずは、未来の、何年後かの理想の自分を描くことから始めてください。それは現実を逃避し、夢見るだけの自分の理想像ではなく、本当に実現してみたい自分の姿です。

すべてはそこから始まります。子どもに「大きくなったら何になる?」と聞く前に、自分はこれからどうなりたいかを考えるのです。自分の未来に夢を持つとき、親は子どもの夢をも一緒に楽しめます。

そして、その夢と現在を一本の線でつないでください。それが、あなたがこれから生きる道です。

その夢を実現するために、自分に何ができるかを考えてみましょう。もちろん道のりは一本の直線ではありません。紆《う》余《よ》曲《きょく》折《せつ》があります。

夢を視野に、それにどう向かうかを常に考える姿勢と行動が、私たちの日々をいきいきとさせてくれます。

考えることをあきらめたとき、何も見えなくなります。行動することをあきらめたとき、夢は消えてしまいます。ずっと考え続けてみてください。夢に向かっての次の小さな一歩は何だろうと。考え続ける限り、必ず見えてくるものがあるはずです。

そして、その考えるプロセスこそが、夢への第一歩なのかもしれません。

子どものために夢を持って仕事に向かう

私が、親たちに「仕事を楽しもう、いい仕事をしよう」と言う理由の二つ目は、子どものためです。

人は、モデルから何かを学ぶ生き物です。子どもは、親の笑顔を見て笑うことを覚え、親の日常会話を聞いて言葉を話し始めます。子どもは親のまねをして大きくなるのです。

子育てがうまくいかないと嘆く親に、私はよく、

「何も心配はありません。最悪、あなたと同じレベルまで子どもは育ちますよ。毎日あなたを見ているのですから」

と冗談半分に言います。でも、これは冗談ではありません。本当のことです。

すると親は言います。

「私レベルではなく、子どもにはもう少し頑張ってもらって、よりよい人生を生

きてもらいたい」

と。そこで私は言います。

「子どもにもう少し頑張ってよりよい人生を生きてもらうためにできることは、親自身が今のこのときに、もう少し頑張って自分の夢に向かうことです」

子どもに言葉で「頑張れ」と言うより、親が自分の人生で頑張っている姿を見せることのほうが、はるかに雄弁に人の生き方を教えるものです。

ぜひ、子どもに語りたいものです。「お父さんの夢はね……」と。

もしあなたがまだ、夢と呼べるものがないのであれば、仕事のやりがいを求めて一歩を踏み出してみませんか？

あなたの夢は何ですか？

子育ても部下育成も基本は同じ

以前、あるラジオ番組で、子育てについてパーソナリティーと話をしたことがあります。私が、「人材開発の仕事をしていて、そこで学んだ人育ての原理を子育てにも応用した」と話したことがきっかけで、子育てと部下育成は違うのではないかという議論になりました。

そのパーソナリティーは怪訝《けげん》そうな顔で私を見ていましたが、今も私の意見は変わりません。子どもも、部下や後輩も、育て方は同じだと思います。

その考え方とは、

①彼らには力があり、彼ら自身がその力を発揮することを望んでいると信じること

②そしてその力が発揮されるまで、何度でもやらせて、我慢強く待つこと

①は、親や上司が、彼らが「できる」ことを信じなかったら、彼らを育てることはできないということです。

ずいぶん昔に受けたマネジメント研修で、「上司の仕事は、自分より仕事のできる人を育てること」と言われたのが大変印象に残っています。部下を育てるときも、子どもを育てるときも、同じことが言えるのではないでしょうか。

彼らには力があると信じ、その成長のために自分にできることは何でもやってやろうとする意欲が、親にも上司にも必要です。それは、必要ならば時には厳しくすることも意味します。

もし部下の育成と子育てに違いがあるとすれば、若い部下や後輩に必要なのは限界設定（54ページ）ではなく、限界突破であることです。

子どもの場合は、やってはいけないことをはっきりと伝え、抑制し、限界設定することが必要とお伝えしました。

ところが部下育成の場合は、やってはいけないことを抑制するのではなく、もっと冒険しなさいと、抑制を解いてやることが中心になります。

人は、社会人になる頃には、充分に、いえ、充分すぎるほど限界設定が行き届き、時には思い切った冒険ができなくなっています。社会人として、会社に就職して、仕事を覚えたら、ぜひ若いうちに限界を突破するよう励ましてやってください。限界を突破するような仕事をまかせてみてはどうでしょう。

私は十五年以上も前に一緒に仕事をした人たちと、会社は異なりますが、今でもよく一緒に仕事をします。彼らは「突然『やってみて』とまかされ、ドキドキしながら挑戦した」とよく言います。確実にできることだけではなく、そのちょっと上のことまで挑戦させることで、彼らは能力をどんどんのばしました。

失敗を恐れず我慢強く待つ

子どもの限界設定も部下の限界突破も、どちらも、父や上司には決意と情熱が必要です。なぜなら、そのときは父も上司も相手に寄り添っていなければならないからです。厳しくするときほど、そばで寄り添い、相手が何がしかの結果を生み出すのを待ちます。

それが177ページで書いた、「②そしてその力が発揮されるまで、何度でもやらせて、我慢強く待つこと」です。

子どもも部下も、たくさんのうまくいかない体験をします。子どもは、幼いうちになるべく多くの失敗をさせたほうが自由に育ちます。大きくなるにつれて、問題も失敗も大きくなりますから、幼いうちに失敗の体験から自力で立ち直る術《すべ》を学ばせたほうがいいのです。失敗したり、親に厳しくされたりすると、ちょっとした心の擦《す》り傷は作るかもしれませんが、それはすぐに癒《い》えるでしょう。

部下も同じです。若いうちに、失敗を経験することで、大きな仕事をまかされたときに、失敗を恐れず前進できるようになるのです。

親と上司は、じっと我慢してその成長を待ちます。見守っていることを知らせ、うまくいったら声をかけ、うまくいかないときは「どうしたらいいと思う?」と一緒に考えるのです。

どちらも、大切なことは一緒にいることです。彼らをよく観察して、よく理解することです。

人育てで大切なのはタイミングです。適切なタイミングで必要な介入をすることです。そのタイミングは、相手をよく観察し、理解していればわかります。

相手を見ずにする介入は、相手のためのものではなく、親や上司が自分の都合で相手を動かそうとすることです。そんなときほど相手は動こうとはしません。生活や仕事の流れの中で、ここというときに、必要に応じて背中を押してやることが大切です。

第5章

心豊かで賢い子どもに育てるために

子どもとの時間に何をする？

さて、仕事の仕方を見直して子どもとの時間を作ったら、あなたは何をしますか？　時々、若い親から、

「どうやって子どもと遊べばいいかわからない」

と相談を受けます。そんなとき私は、

「特別なことは何もしなくていいから、ただ一緒にいてください」

と言います。

ただ一緒に生活すればいいのです。

テレビを消して一緒にいたら、子どもが遊びを仕掛けてきます。その遊びに乗ってあげるのです。その時間は子どもに目線を合わせて、子どもと同じ動きをしてみてください。それがだんだんと遊びに発展していきます。

子どもがちょっと大きくなったら、一緒に台所に立つのもいいでしょう。

お父さんの作るサラダが大好きという小学生の兄妹がいます。お母さんが作るものよりワイルドで、大胆にいろんなものを入れてくれて、しかも、その大胆なプロセスを一緒にやらせてくれるからです。

とかくきちんとしたいお母さんに比べ、お父さんの大胆なやり方が、子どもには大変刺激になるようです。「今日は、お母さん遅くなるから、お父さんと適当に作って食べてね」と言うと、子どもたちは歓声を上げるそうです。

いずれにしても、子どもと一緒にいられる時間はそんなに長くはありません。まもなく子どもは、親より友達や別のことに夢中になります。それまでに充分にコミュニケーションをして、しっかりと絆を作っておけば、思春期になって口をきいてくれなくなっても何も心配をする必要はありません。

あるお父さんが言いました。

「長時間にわたって面倒を見てくれる保育士さんよりも、一日二、三時間しか顔を合わせないときもある自分を慕ってくれるのは本当にうれしい」

それはそうです。子どもの父親なのですから。子どもはお父さんに愛されていることをよく知っているのです。

絵本から始める

子どもを賢く、心豊かに育てるために、親から仕掛ける遊びもあります。絵本がその一つでしょう。我が家でも、子どもが幼い頃には、たくさんの絵本を読みました。

赤ちゃんのときに絵本を読んでも仕方がないと思われがちですが、そんなことはありません。絵本の読み聞かせに早すぎるということはありません。完全な「絵本読み」になって、感情をこめて赤ちゃんに語りかけるように読むことをおすすめします。

そんな親に反応して、赤ちゃんは一生懸命耳をすませます。親の声にある感動や怖さや面白さを聞き取ろうとするのです。

時々、面倒くさそうに棒読みしている親を見かけますが、あれはいけません。せっかくの親子の時間です。親もその時間を楽しんで、子どもと一緒に絵本の世界に入ります。親が子どもと一緒に楽しんでいるか、義務感でやっているか、実は子どもはよくわかっています。

二歳半を過ぎる頃から、だんだんと内容に反応するようになります。三歳を過ぎると好みもはっきりしてきますから、読んでほしい本を「今日はどれ?」と選ばせてもいいでしょう。

四歳ぐらいになると、日常生活でもいろいろな出来事と遭遇して、子どもの日々は新しい出会いでいっぱいです。一日の終わりを、お父さんの落ち着いた声で静かに過ごさせるのもよいものです。ゆっくり読んであげてください。子どもは目で絵を追いながら、声を聞き、まるで映画でも観ているように、想像の世界に入って、全身で物語を楽しみます。想像力の育つときです。

寝る前の絵本は特におすすめです。親の声を聞きながら、子どもは自分なりの世界を描き、そして親の声を聞きながら眠りに落ちていくのです。毎日何冊と決めて読んでいる人もいます。

我が家では、三冊目が終わっても子どもの目がパッチリというときがありました。そんなときは、目を閉じさせて、「それでは、眠くなるまで今日の楽しかったことを思い出してみましょう」と静かにしていると、やがて寝息が聞こえてきます。

二冊と決めて二冊が終わったら、「一人で寝る時間だよ」と親は離れてもいいのです。親の腕の中で、親の声に包まれて一日を終えることができたら、たとえそれが毎日でなくとも、子どもにとっては素晴らしい贈り物になるはずです。

辞書を引いて知的好奇心を刺激する

五、六歳頃になると、「自分で読んでみたい」という意欲が出てきます。

いつ頃から読み聞かせをしなくなるかは、子どもによって異なります。我が家では、小学校入学あたりから親の読む速さがじれったくなり、またマンガを読むようになったので、読み聞かせは自然に終わりました。

自分で本を読み始めると、「これは何と読むの？」「これはどういうこと？」と聞いてきます。きちんと答えてあげてください。

同時に、辞書を引くことを教えてください。子ども用の辞書を用意して、聞かれたら親が辞書を引いてあげるようにすると、子どもは自分でやるようになります。

五、六歳で辞書なんて早い、と思わないことです。やらせようとせず、親がやってみせれば、子どもは興味を持ちます。国語力はすべての思考力のもとになります。私たちは日本語で考えるのですから、言葉を知っている、語彙《ごい》が豊富というのは、将来理系に進むにしても大変な助けになります。

私の知り合いは、その時期に地図も用意したと言います。大げさには考えず、食卓やテレビの近くに地図を一冊用意して、地名が出てくると、地図を開いて「ここだよ」と示したそうです。

この話を聞いたとき、私は「しまった！」と思いました。我が家の娘は、地理が大の苦手です。幼い頃から地図を見せるというのは思いつきませんでした。探せば、地図の載っている絵本もあったかもしれません。

文字を読み始める頃の子どもは、知識欲のかたまりです。この頃は何でも知りたがりますから、その時期に知ることの面白さを教えてはいかがでしょう。

ただし、子どもが興味を持ったからと、喜んであれもこれもと押しつけないこと。一回に一つでいいのです。「もっと！」ぐらいでやめておくと、長く続きます。

家族で夢を話して知的好奇心を刺激する

子どもの知的好奇心を刺激することの一つに、家族が夢について話すというのがあります。

親の夢も語って聞かせてください。

小学校低学年では、将来の夢もまさに夢そのもので、現実的なものではありません。でも、それがどんなに非現実的であっても、夢を否定しないでください。彼らの夢に耳を傾けてください。

高学年になる頃には、夢も現実味を帯びてきて、学校の先生になりたいとか、お父さんのようにエンジニアになりたいとか、言うようになります。

そんなときほど父親は、「だったら、頑張って勉強しろ！」などと言わずに、コーチとしての役割を果たしてください。

「先生になるにはどうしたらいいんだろう？」と一緒に考えてあげることです。

先生になるためには、どんな学校へ行かなければならないか、どんな資格を取る必要があるのかを一緒に調べて、今と未来をつなげるということを教えてください。

父が教える論理的思考とコミュニケーション力

子どもと過ごす時間の中で、お父さんにはぜひ子どものコミュニケーション能力の育成に手を貸してほしいと思います。

ある中学校の保健室の先生が話してくれました。長い間、保健室で子どもたちの様子を見てきてつくづく感じることの一つは、子どもたちのコミュニケーション能力が低下しているということだそうです。

コミュニケーション能力は、人が社会的な生活を営むうえで、大変重要な能力です。自立して、人とともに幸せな生活を送るうえで欠かせない能力です。人を理解し、自分を理解してもらわないと、円滑な人間関係を築くことはできません。

コミュニケーション能力の基本は、自分の考えていることや感じていることを、いかにわかりやすく人に伝えることができるか、また、相手の中にある情報を、いかにうまく引き出すことができるかにあります。

そのために必要なのが、論理的な思考力です。

「論理的である」ということを無味乾燥な冷たいイメージに捉《とら》えている人がいます。論理的という言葉から、言葉を駆使して相手を論破する、温かみのないものをイメージするのでしょうか。

論理的であるというのは「わかりやすい」ということです。考えていることのつながりをはっきりと示すことができれば、なぜそうなのかがわかります。ですから、必要な情報を論理的に提示されると、わかりやすく、納得しやすいのです。

そして、どちらかというと感情的な表現をしがちな女性に比べて、男性は論理が得意です。ぜひ、その得意な力を活かして、子どもの論理的な思考と、それに続くコミュニケーション力を伸ばしてください。

そのために日常的にできることを挙げてみましょう。

論理的思考とコミュニケーション力のためにできること

①子どもの話を聞く

子どもが話をしたがったら、テレビを消し、今やっていることをやめて、「話そう」と言って子どもと向き合う時間を取ってください。そして、子どもの話をよく聞いてください。

話を聞いてもらうというのは、子どもにとって、自分が愛されている、自分が大切にされていると認識できる体験です。親が熱心に耳を傾けるほどに、自分は大切な存在であると感じるのです。

そのとき子どもの中には、わかってもらおうという動機づけが起こります。コミュニケーションに対する意欲です。

小さいときからコミュニケーションへの意欲を育てられた子は、大きくなってもその子なりのやり方で、コミュニケーションを活発にしようと周りに働きかけます。

子どもが問題を抱えていたら、その問題の解決策を押しつけるのではなく、本人がどう解決したいと思っているのかを聞いてください。

コーチは、応援はできても、選手に代わって競技に出ることはできません。親は、子どもをサポートしますが、彼らの人生を代わりに生きることはできません。アドバイスは最小限にとどめるのが賢明です。

アドバイスという名の押しつけは最小限にとどめ、子どもの中から解決策を引き出すように努めてください。

②質問を通して子どもに考えさせる

「君はどうしたらいいと思う？」

「どうやったら解決できるかな？」

「なぜ、そう思ったの？」

「〇〇がいいと思う理由を教えて？」

「先生はなぜそう言ったと思う？」

などと、子どもが語っていない部分を質問してください。

例えば、子どもが「イチゴ大好き」と言ったら、「イチゴ好きだね。なぜイチゴが好きなの?」といった具合です。子どもは自分の気持ちや、出来事の背景に意識を向けて、それを話そうとします。このとき子どもの論理力が高まり、コミュニケーション能力が開発されます。

子どもの年齢に従って、少しずつ複雑な内容を質問するようにします。

子ども「ねえ、お父さん、この『科学図鑑』買ってよ」

父「『科学図鑑』があったほうがいい理由を三つ教えて」

という具合です。

家族で夏休みに、海に行くかディズニーランドに行くかでもめたら、「じゃ、ディズニーランドに行きたい太郎は、家族旅行がなぜディズニーランドのほうがいいかを、理由を挙げて話してみて」

という具合です。

日常生活の中で、人と楽しく会話をしながら、コミュニケーション力を磨く手伝いをしてください。

③察しの悪い親になる

子どもの話を「察しよく聞く」ことは避けましょう。
例えば、日常会話を例に取ってみましょう。

子ども「取ってえ！」
父「何を？」
子ども「ぼくの本！」
父「ぼくの本をどうするの？」
子ども「ぼくの本を取って！」
父「ん？」
子ども「お父さん、ぼくの本を取ってください」
父「あ、はい、どうぞ」

という具合です。

これを、本のほうに手が伸びているからと、察しよく本を取ってやると、子どもは、自分のコミュニケーションはこれでいいと思ってしまいます。それでは子どもの力は伸びません。

察しの悪い親になって、子どもが言いたいことのすべてを、子ども自身が言葉にするのを手伝います。

母親は、赤ちゃんの様子を察して世話をするのが常でした。言葉の話せない赤ちゃんが泣いたとき、「きっと……だわ」と赤ちゃんの様子からその不満を読み取り、その欲求を満たしてきました。その延長で、言葉を話すようになった子どもに対しても、子どもの欲求を察してしまう母親がいるものです。

父親が違った接し方をすることで、子どものコミュニケーション力を伸ばすだけでなく、母親にも子どもの成長を促す接し方があることを示唆できます。母親のやり方を責めないで、こんなやり方もあるというのを見せてあげてください。

父が育てる、子どものやり抜く力

様々な場面で受ける親の悩みの一つに、子どもの集中力のなさがあります。習い事やスポーツ、そして勉強など、子どもが何かに集中してやり遂げることがないと言うのです。その悩みに耳を傾けながら、きっと親がうるさく言って、かえって集中できない環境を作ってしまったのではないかと思うことがあります。

ここでは、学習する姿勢を例に取って、子どもに何かをやり抜くことを教える方法について考えてみましょう。

何かをやり抜くことを教えようとすると、その何かが面白いか、あるいは将来の夢に結びついているか、などが大きな原動力になります。これらのことを教えるためには、物事を長期的に見ることのできる父親の能力が適しており、父親が力を発揮する機会でもあります。

子どもがある一定の年齢になったときに、自主的に勉強と取り組むかどうかは、その子が育った環境が大きく影響しています。幼い頃から知的好奇心を刺激された子は、大きくなるにつれ、その好奇心を自分で満たそうとします。

また、勉強は自分が将来やりたいことをやるための、一つの通り道であると気づくことができた子は、やりたいことに向かって自主的に勉強するでしょう。

成績が気になる年齢になってから、突然「勉強しなさい」と気をもむより、幼いうちから、学ぶこと、知ること、調べることの面白さを教え、なぜ勉強したいのかという目的や目標を設定する力を養うことの重要性を、親は理解することが第一です。

まずは、基本的な考える力を養うことです。「責任」の項（１４０ページ）で述べたように、反応する能力を養うことです。日常的に身の回りに起こることも、算数の問題も、大きな違いはありません。いずれにしても、自分の前に置かれた問題に反応すること、反応して解決できれば、前に進むことができます。

テーブルにこぼれたミルクをぼんやり眺《なが》めて、誰かが片付けてくれるのを待つ子どもと、理解できない問題を前に考えることを放棄してしまう子どもは、どちらもそれが自分の課題であり、ちょっとした努力でテーブルはきれいになり、問題は解けて前に進めるということを知りません。

責任を学ぶプロセスは、時には嫌なことに我慢して取り組むことでもあります。ですから、勉強と生活とを切り離して考えないことです。生活面で我慢強く取り組める子どもは、学習の面でも同じようにできます。

やり抜く力を育てる六ステップ

責任を学ぶこのプロセスは、仕事上、目標を達成するために使うプロセスとまったく同じです。それは次の六つの段階に分けられます。

①得たいものを明確に、具体的に、肯定的に決める
②それが手に入ったらどんないいことが起きるかイメージする
③願いを実現するような具体的な目標を立てる
④目標を実現するプランを複数立案する
⑤どのプランが適切かを吟味《ぎんみ》する
⑥実行しつつ、自己評価し、必要な修正をする

これを子どもの勉強に当てはめてご紹介しましょう。具体例として、月刊学習

雑誌『スタディー』を前に、立ち往生している息子と父親の会話を再現してみます。

実はこの会話は、企業のマネジメント研修で、部下の目標設定を効果的にして、確実な達成を援助するコーチングを学んでいた管理職の男性がしてくれた話です。

勉強をしない子どもに話をしてほしいと妻に言われ、仕事で学んだことを子どもと接するときにも活かしてうまくいったと、彼は話してくれました。

子どもは小学校三年生。学習雑誌を取っていてもたまる一方で、母親からうるさく言われる毎日だったようです。

父　「どうだ？　『スタディー』やってるか？」
息子　「ダメー」
父　「どうした？」
息子　「うーん……」
父　「無理することないぞ」

息子「だって、やらなきゃ」
父「やりたいの？」
息子「うん」
父「毎月、これ全部できる？」
息子「無理！」
父「どのくらいやればうれしい？」
息子「うーん、半分ぐらい？」
父「半分できればうれしい？　半分できれば、やったぞって思える？」
息子「うん！」……①**得たいものを明確に、具体的に、肯定的に決める**
父「毎月半分できてたら、どんな気持ちになれる？」
息子「うーんとね、いい気持ち。お母さんも怒らないと思うし」
……②**それが手に入ったらどんないいことが起きるかイメージする**
父「そうか。それはいいな。じゃ、半分って、どれをやるの？」
息子「うーん……」

③願いを実現するような具体的な目標を立てる

結局このあと話は進み、二人は、『スタディー』のページに父が今月分として★マークをつけたところをやると決めます。

大切なのは、スモールステップを意識することです。一冊やらなければならないと思うと子どももうんざりですが、毎月半分でよいとなればやる気にもなります。

④目標を実現するプランを複数立案する

次に、いつやるかです。複数立案させる理由は、一つだとなぜか押しつけられたと感じるからです。「ほかには？」といくつかの可能性を話し合います。

学校から帰ったらすぐやる、夕飯の前にやる、寝る前にやる、朝やる、などのいろいろなプランが出たようです。

⑤どのプランが適切かを吟味する

話し合った結果、夜七時に夕飯を食べる前に、宿題と一緒にすませることになりました。そして、父が採点することになりました。子どもは、採点する人に、母ではなく父を指名したのです。

複数の可能性の中から「じゃ、いつにする？」と選ぶと、自由に選んだという気持ちになれます。「採点は誰がする？」「お父さん！」という具合に、子どもは自分で選んでいきます。

⑥実行しつつ、自己評価し、必要な修正をする

実行をさせて、「やっているな。頑張ってるね」と声をかけてください。「どうだ？　今日はできた？」と自己評価させてください。見守ることが大切です。

調子よく進んでいるからと、「じゃ、もっとできるんじゃないか？」と、途中で増やさないことです。少ないぐらいがちょうどいいのです。それが続くと、自分でもっとやろうという気になれるものです。

勉強であれ、何であれ、自分でどのように集中するかを知らない子どもに対しては、コーチングが必要です。いったん波に乗れば、自分で向かうことができます。

コーチングは、「あなたがやるって言ったのよ」と文句を言ってやらせようとすることではありません。子どもの考えに沿って、ステップを踏み、自分で選んで、やる気にさせていくことです。

何歳になろうと、このステップは変わりません。話の内容がちょっと高度になるだけです。

「お前は集中力がなくてダメだな」とか、「やることをやらないと、大きくなってから困るぞ」などと否定的なことを言ったり、脅《おど》すのではなく、子どもに寄り添ってあげてください。

第6章

夫と妻と二人で子育て

子育てに取り組む妻は悩みがいっぱい

子育ては結構大変です。思いどおりにならないもう一人の人間の面倒を見るのですから、疲れます。

特に初めての子どもだったりすると、妻はきっと大変緊張して、不安を感じながら子育てをしているはずです。自分のこんなやり方でいいのか、何か間違ったことをしているのではないか、子どもはきちんと育っているのか。そんな不安に取りつかれている人がたくさんいます。

最近は育児休暇が取れますから、ほとんどの働くお母さんは、一年間子どものそばにいます。仕事がないのだから、時間もたっぷりあって、ゆっくりと子育てを楽しめると思うかもしれませんが、そうとばかりは限りません。

働く母親ほど、育児休暇中にストレスを感じやすいと聞いたことがあります。仕事が好きで活躍していた人ほど、思いどおりにならない子どもを相手に、自分は一体何をしているのだろうと悲しくなるといいます。

私にも覚えがあります。生まれたばかりの娘が、何をしても泣きやまないとき、「一体あんた、どうしろっていうの！」と叫んだことがありました。仕事をしていたほうがよほど楽だと思いました。

子どもが少し大きくなって、自我の芽生え始める頃も大変です。何に対しても「いやいや」を連発し、まったく思いどおりには動いてくれません。そんな子どもを抱え、保育園へ預け、一日働き、お迎えに行き、家事をする。お母さんの一日は本当に大変です。

あるお母さんからは、こんな話を聞いたことがあります。

彼女は第一子の出産のときに、仕事を辞めて家庭に入りました。二人目の子どもが小学校に入学する頃になると、彼女はふつふつと不満を感じるようになります。子どもはかわいくて、何不自由ない幸せな毎日のはずですが、この十年で彼女の中にたまったかすかな、しかし、ぬぐい去ることのできない不満です。

彼女にとって、家庭の主婦でいるということは、夫に養われるということ。家事のすべてが自分の仕事のように言われると、なんだか「養ってやっているんだから」と言われているようで、強い抵抗を感じると言うのです。私も働きに出れば、自分の生活を支えることはできるのに、と。

「贅沢《ぜいたく》な悩み」と言いながらも、彼女にとっては深い悩みのようです。子育てだけで終わりたくないと焦りを感じるのです。

まずは妻の現状を理解する

まずは、妻の現状をよく理解してください。あなたの妻はどうですか？

妻は、自分の苦しさを言葉にするかもしれません。比較的、自分をオープンに表現する人はそれができます。

でも、世の中そんな人ばかりではありません。夫婦とはいえ、いえ夫婦だから、悩んでいることや、不安に思っていることを素直に言えない人もいるのです。一日外で働いてくる夫に心配させてはいけない、と我慢してしまう人もいるのです。そして、我慢していることを隠そうとさえします。

妻をよく観察してください。そして、妻を支え、包みこんでいただきたいのです。ただ、話を聞くだけで充分です。

子どもを激しく叱ったあとなど、妻はそんな自分を責めています。またやってしまった、もっとやさしく接してやればよかった、と自分を責めています。そんなときこそ、ちょっと時間を取って妻の言葉に耳を傾けてください。会話の時間を取っていただきたいのです。

大変極端な例ですが、最近、母による子殺しが増えています。二〇〇八年上半期に、実母による子どもの殺人、殺人未遂容疑の検挙は十六人に上るそうです。お父さんは一体何をしていたのだろうという声が上がります。ほんのちょっと誰かが、お母さんの悩みや不安や恐れに耳を傾けることができたら、そんな悲しい事件は起こらなかったかもしれません。そして、それは本来、一番身近にいる夫の役割なのです。

夫がほんのちょっと意識を持って家族を眺めれば、何かがあるなということは見当がつきます。それが自立した人の感性です。自分の中にとどまらず、相手のことをも感じ取ることのできる感性です。その感性で、母親の現状を把握してください。

妻の悩みを解決しようとしないで

さて、妻の悩みを聞いたとき、普段のあなたはどうしていますか？

仕事の場面では面白い現象があります。リーダーシップの育成において、部下や後輩の悩みをどう聞くかという場面で、多くの人は悩みを聞いている途中で相手にアドバイスを始めてしまいます。相手の悩みを聞きながら、そんな場合はこういう解決策がある、と自分の考えを相手にアドバイスするのです。

本人はアドバイスしているつもりですが、されているほうとしては、押しつけられていると思うでしょう。相手は上司だったり先輩だったりするのですから。

親子の間でも同じことが起こります。子どもが自分の悩みを話し始めると、親は必ずと言っていいほど、子どもに解決策を押しつけます。

夫と妻の間でも同じことが起こりがちです。夫は、早々に問題にけりをつけようとしがちです。妻の問題に適切な答えを見つけて、「解決！」にしたいと願います。

でも、ちょっと待ってください。時にはその夫の配慮が、妻の前進を邪魔することがあるのです。

ここでも男性と女性の違いが表れます。女性は、話すことで不安や不満を解消しようとします。話しながら気持ちを整理し、自分なりに気持ちの落ち着き先を見つけます。つまり、女性は話を聞いてほしいのです。

ところが、相談されたと思う男性は、アドバイスして、妻の問題を解決してやろうとするのです。特に、一家の主を自任する男性は、妻の悩みも、子の悩みも、自分が解決しなければならないと感じ、解決に意欲を燃やします。

「心配のしすぎだよ。大丈夫だって。君が神経質になっているだけだよ」
「まあ、子どもなんてそんなもんだから。あんまりカリカリしないで」
「あまりうるさく干渉しないことだな」
「だから、もう一度よくあいつと話し合えばいいじゃないか」

夫が解決案を出し、アドバイスして、物事を結論づける頃、妻は「わかってもらえない」「これ以上聞きたくないんだ」と受け取っています。それは、夫に支えられていないという不満へとつながります。

それでは、支えようとする夫の誠意が伝わりません。

夫は、支えたいからこそ、妻の悩みに耳を傾け、解決策を出し、アドバイスし、明快な結論を出しているのです。そうすれば、きっと妻もすっきりするだろうと思っているのです。

でも、妻はすっきりするどころか、夫の態度を、自分や子どもへの無関心と捉えてしまうのです。聞いてもらいたくて話しているのに、適当に結論づけられたように感じて、本当は子どもにも自分にも関心がないんだと思ってしまいます。

これでは、せっかくのお互いの努力が実りません。

妻の悩みを解決しようとしないでください。妻の話を聞いてアドバイスしたり結論を出してやる代わりに、もう少し我慢して聞いてください。相づちを打ちながら聞いてください。

「そうか、大変だったね」

「頑張ってるね。ありがとう」

そのほんの一言で、妻は支えられていると感じます。

そして、「僕にできることは何かある？」と聞いてください。

受け止められたと感じる妻は、支えられていることに満足し、不安や不満から解放されます。

妻からまかされる父になろう

ハートフルコミュニケーションでは様々な講座やイベントを開催していますが、子育ては女がするものという意識が強いせいか、男性の参加はまだまだ少なく、九十％が女性の参加です。

お母さんが参加するとき、子どもは連れてきませんから、私は興味を持って時々聞きます。

「今日は子どもたちはどうしているの？」

一番うれしくなる答えが、

「今日はパパの日です。みんな寝ているうちにそっと出てきました」

お母さんは一日自由の身です。こんなお母さんは、すべてをお父さんにまかせて出かけてきます。

「きっとお昼はハンバーガーショップだと思います。私と一緒だとめったに食べさせてもらえないけど、パパと一緒だと何でもありだから」とお母さんはけろっと一日学んで、楽しんで帰ります。

一方では、こんなお母さんもいます。一日留守にするために、すべての食事の支度をして、温めて食べればいいように準備して出かけてきます。しかも、夫に細かい指示を出してきます。

そうしないと、夫が出かけさせてくれないのかというと、そうではありません。夫は「何か作って食べるからいいよ」と言うらしいのですが、妻が心配をしているのです。

一番びっくりしたのは、起きてから着る服を、子どもの分も夫の分も用意して出てきたというお母さんです。まかせたら、子どもも夫も大変なことになると思っているのでしょうか。彼らが、きちんとできるということを知らないのでしょう。彼らにその能力があることが信じられないのでしょう。

実はもっと困るのは、子どもを夫にまかせることができないお母さんです。だからどうするかというと、子ども連れでない限り出かけないのです。

以前ＮＰＯでイベントを行ったときのことです。

ホームページに参加者募集を掲載したところ、問い合わせメールに「子どもを連れて行っていいか」という質問が入りました。イベントは託児がついていないのでダメだと言うと、またメールが届き、「夫には子どもを預けられないので何とかならないか」と食い下がってきます。問い合わせメールは、子育て相談の様を呈してきました。

しばらくメールに付き合っていると、今度は人生相談になります。

「夫は頼りなく、子どもを預けると何か問題が起こるのではないかと怖い」

私の最後のメールは、

「ご主人は、頼りにされないことをさみしいと思ってはおられませんか？　彼も本当は子育てに参加したいのに、できずにいるのではないでしょうか。あなたが思うように、子育てに煩わされなくていいとは思っていませんよ。彼が子どもとの絆を作る場を、あなたが作ってあげてください。それは、彼を信じて、子どもをまかせることです。イベントでお待ちしています」

残念ながら、彼女の名前を参加者リストに見つけることはできませんでした。彼女はやはり夫を信じられず、子どもをまかせることなく一日を過ごしたのでしょう。このようなお母さんは意外と多いようです。

さて、ここは夫がしっかりと妻の背中を押すときです。妻が何かに興味を持ったら、ためらわずに「行っておいでよ」と声をかけてあげてください。妻は抵抗します。もっと押してやってください。

妻が出かけなければ自分も楽だと、安易なほうに流れないことです。子どもと水入らずで絆を強める一日を過ごすことを楽しんでほしいと思います。そのためには、妻からまかされる夫になることです。

子どもを安心して夫に預けられない理由を聞いてみると、「子どもの生活リズムが狂う」というのが一番に挙がってきます。変な時間に昼寝をさせてしまい、結局夜中まで起きていて、翌朝大変な思いをする。体調を崩してしまうというのもあるようです。

父親も、子どもが普段どんなリズムで生活しているかを把握することが大切です。自立した父親は、誰かの助けがなくても、子どもと一緒に過ごすことができるものです。

あなたは夢を持っていますか？

第４章でも触れましたが、あなたは夢を持っていますか？　仕事の夢、家族と一緒にかなえたい夢――。

私たちは、子どもに対しては必ず「大きくなったら何になる？」と聞きます。受験生には、「将来の夢は？」「どういう方向に進みたいの？」と聞いて、それに沿った進路を考えさせます。

では、それを聞く私たち親はどんな夢を持っているのでしょう？

私は仕事においても、ハートフルコミュニケーションの活動においても、必ず親に「あなたの夢は何ですか？」という質問をします。すると、あいまいな答えが返ってくることが多く、親自身ははっきりとした夢を持っていないというのが現実です。

先日もあるお母さんが、

「息子が、高校生になるのに将来の夢がなく、方向が定まらないのですが、どうしたらいいのでしょう」

と質問してきました。私は「そうですか」と受け取り、しばらく会話をしましたが、ふと思いついて、

「お母さんはどんな夢を持っておられますか?」

と聞いてみました。彼女は、何とも意外だという表情で、

「いえ、私は……。もう、こんな年ですから」

と言ってから、目の前にいる私のほうがはるかに年上であることに気づいて、口ごもります。夢は子どもたちが持つもので、親になるともう夢など語ってはいられないというのでしょうか。

そうではありません。夢は誰もが持っている人生の目指す先です。夢が大げさなら、将来の目標と言ってもいいでしょう。

お互いの夢をサポートしよう

あなたは何を手に入れたいと願っていますか？

どんなことをしたいと思っていますか？

どんな生き方をしたいと望んでいますか？

そして、あなたは妻の夢が何であるかを知っていますか？

お互いの夢を語り合うことはありますか？


行き先があってこその今です。

もし、お互いに夢を持っているのなら、それを語り合う時間を取ってください。子どもをどんなふうに育てたいかということも含めて、未来にどのようなことをしたいのか、どのような生き方をしていたいのかを、話し合います。

そして夢に向かって、今できるスモールステップを見つけてください。

子どもが幼いうちは、お互い夢があってもなかなか実現のための時間が取れません。それでも、小さなことなら何かできることがあるはずです。そして、お互いがそのためのちょっとした時間を取ることをサポートし合ってください。

自分の夢を探すワーク

　夢や目標がないという人のために、それを考えるための一つの方法をご紹介しましょう。まず一枚の紙を用意します。

　紙の一行目に「これからやりたいこと、やるべきこと、できたらいいなと思うこと」と書きます。そして、書き始めてください。

　目標は、「これからやりたいこと、やるべきこと、できたらいいなと思うこと」を、百個書くことです。

　生活、仕事を問わずに、自分の人生すべての領域を対象として考えます。書こうとすると、できるかどうか、やったほうがいいのかどうか、本当にやりたいことかどうか、などと様々な評価や可能性が頭をめぐります。まずは、できるかどうか、本当にやったほうがいいのかどうかなどは考えずに、リストアップしてください。

思いつくままに書いていきます。だから百個なのです。五個だったら考えながら書きますが、百個書こうとすれば考えてはいられません。正しく書くことより、百個書くことを目標にしてください。集中してやるために、いつまでと期限を切って、書き上げるとよいでしょう。

百個書き上げたら、一つ一つを検討し、「長」「中」「短」に分けていきます。

「長」は実現までに時間がかかるもの（長期）
「中」は実現までにやや時間がかかるもの（中期）
「短」はすぐにできるもの（短期）

という意味です。色を決めてやると早くてわかりやすいでしょう。「長」は青、「中」は黄色、「短」は赤、という具合です。

ここまでで、もう一度すべてを眺めてみてください。すでに気づくことがたくさんあると思います。「こんなこと考えていたのか」とか、「そうそう、やりたいと思っていたんだよね」ということがたくさんあるはずです。

「長」は将来の夢かもしれません。「中」はいずれやりたいこと？　では、「短」の中からすぐにできそうなこと、やりたいことを見つけてみましょう。

夢を持って、夢に向かって生きるというのは、生き方の習慣でもあります。今すぐできそうなものを目標にして、それに向かって進んでみます。

その目標は小さくて、今日達成してしまうかもしれません。それでいいのです。スモールステップ方式で一つずつやってみたいこと、できそうなことを実現してみませんか。終わったら紙にチェックを入れます。

並行して、「長」と「中」を眺めてみてください。そこに、あなたが長期的に実現したいと思うことを発見するかもしれません。

夢を見て、その夢を実現するべく生きる人たちがいます。夢の実現とは縁のない生き方をする人たちもいます。夢は誰の中にも眠っています。違いは、ただそれを発見するか、眠ったままにしておくかだけです。

子どもの夢を尋ねる前に、自分の夢を見つける心の旅をしてみてはいかがでしょう。

あなたは妻がどんな人か知っていますか？

さて、次に、夫婦がお互いをよく理解することに触れたいと思います。これは一人の人として相手がどんな人かをよく理解することです。あなたは、あなたの妻がどんな人かをよく知っていますか？

先日、友人と話をしたときのこと。彼は突然改まった感じで「ちょっといい？」と、何か話がありそうです。聞いてみると、妻のことで悩んでいるようです。

彼は大学生を頭に三人の子どもを育てています。自分の会社を経営して、なかなか頑張っているかっこいいお父さんです。子育てで意見が合わないのかと思えば、妻が彼自身に厳しくつらく当たるというのです。「何かあったの？」と聞くと、「うん、僕が片付けないのが嫌みたいだ」と言います。

彼は自分の周りには無頓着《むとんちゃく》なほうで、彼女はいつもきれいにしておきたい人のようです。無頓着なほうはいいです。きれいになっていようと、散らかっていようと、気にしないのですから。ところが、きれいにしておきたいほうとしては、片付いていないとストレスがたまります。

彼は「そんなことぐらいで」と言いましたが、そんなことぐらいが、気になるほうにとってはストレスなのです。それが毎日毎日続くと、ストレスはどんどん大きくなります。そして夫につらく当たるのです。

「え？　そんなに嫌なの？」と彼は言います。

実は私にもそういう傾向があるので、彼にそのことを話しました。身近にコードレスの掃除機とモップが置いてあって、気になると掃除機をさっとかけ、モップで床を拭《ふ》きながら家の中を歩くと。「そうなんだ」と彼は言い、「もう少し、できる努力をしてみる」と言ってくれました。

人はみんな違います。一人ひとり異なる気質を持って生まれてきています。片付けるかどうかは、その表面的な一つの表れです。内面的にはもっと深く、見えないところにその違いは潜《ひそ》んでいます。

娘のことで悩んでいるお母さんがいました。摂食障害の娘の悩みは深刻で、何度もメールのやりとりをしました。

「お父さんはどう言っていますか？」

の質問に、

「夫はあまり深く考えてはいないと思う。きっと、私が何とかすると思っているでしょう」

との返事です。彼女は自分の強い不安も、時にはそれが絶望にまで変わってしまうことも、夫に話してはいませんでした。

「言ったら、どんな都合の悪いことが起こりそうですか？」

と尋ねると、

「彼は本当には理解しないし、何より娘があんな状態で、私までこんなに落ちこんでいては夫がかわいそうです。彼に申し訳ない」

と彼女は言います。そう言いながら、彼女は同時に「何で私ばかりが、こんな苦労をしなければならないのか」と、夫や娘の被害者になるのです。

私は、一か月かけて、一日十分ずつでいいから、夫に自分と娘の現状を話すことを提案しました。一気にわかってもらおうとせず、時間をかけるように伝えました。
わかってもらわないと、お互いを理解しないと、幸せな子育てはできないのです。

お互いを知る努力、理解する努力をする

私はたくさんの人と話をします。そしてつくづく感じるのは、人はみんな違うということです。

様々な会話の中で、私が不思議に思い、「なぜそんなふうに思うの?」と聞いても、相手は答えられません。そう思うからそう思うのです。それが気質というもので、その人はそう生まれたのです。さらに、その人がどのように育ってきたかが、そこにまた新たな変化を加味します。

パッパと直感的に判断して動く人、じっくり時間をかけて考え慎重に行動する人。

人との交わりを楽しむ人、社会との交流を好まない人。

人をリードしようとする人、人にリードされたい人。

心をオープンにして話す人、自分の気持ちを隠す人。

何かと悩む人、悩みを避けようとする人――。

人はみんな様々です。そして、私たちはその違いを知ることが大切です。自分と違うからといって、「それっておかしいよ」と思わずに、「そうなんだ」と違いを受け取ることです。

まず、自分がどんな人かを知りましょう。

そして、あなたの妻がどんな人かを知る努力をしましょう。そのときには、理解できないからといって「変だよ」と否定したりせずに、

「それってどんな感じ？」

「何をもってそう思うの？」

「最近、ほかにもそんなふうに思ったことあった？」

などと、興味を持って質問をしてみてください。

そしてできれば、本当に困ったことは何でも話し合う関係を作ることです。特に、子どもに関して困っていることを、一人で抱えるのは大変難しいことです。話してはいけない関係の中では、問題を大きくしてしまう可能性が高まります。

話し合ってみると驚くかもしれませんが、妻のほうはあなたのことを意外と観

察しているかもしれません。これも男性と女性の違いでしょうか。女性のほうが、直感的に相手を察知する能力が高いようです。

お互いをよく理解する努力をしてください。それが、お父さんの子育て参加の大きな一歩になるはずです。

今、子育てには連携が必要です

私は、日本全国のＰＴＡや地方自治体、教育委員会などの招きで、講演などに伺います。仕事の合間を縫って、年間五十か所ほどを訪問します。

行った先々で感心するのは、ＰＴＡの活動に参加する父親たちの視点です。母親たちとは違った視点で、彼らはＰＴＡ活動に参加します。

母親たちの焦点はやはり、子どもに向けられています。しかも自分の子どもという視点が中心です。ＰＴＡですから、子どもに焦点が当たっているのは当然であるように思いますが、父親たちは違います。

彼らは、地域や社会という視点で子育てを考えます。ですから、「うちの子をどうしよう」ではなく、よりよい子育てをするために、地域にどう働きかけるか、社会をどう変えるかに焦点が当たります。さすが、男性の視野は広いと感心します。

このような、母親と父親の視点の違いを体験するにつけ、やはり子育てには父性と母性の両方が必要だという思いを強くします。内をしっかり見ようとする母性と、外へ、未来へと視野を広げる父性の両方があって、子育ても、ＰＴＡ活動もバランスが取れているのだと思います。

先日も、ある都市の小学校ＰＴＡ連絡協議会の講演に招かれ、話をしました。その講演が終わってしばらく、役員のお父さんたちと歓談をしました。その楽しかったこと。彼らは、様々な小学校のＰＴＡ会長や役員ですが、ＰＴＡ連絡協議会でも横のつながりを作って、「親父の会」と称して集まっているようです。

彼らはその都市で、子育てに関して今問題になっていることを話し合い、親として起こせる動きをプロジェクトにして、行政に働きかけ、具体的な活動へと結びつけます。

「結局、飲み会ですけどね」と、あるお父さんは笑って話していました。

母親は、集まっても自分の子どものこと、我が家のこと、自分のことなどを話しますが、どうやら父親は、ＰＴＡで集まっても、あまり内向きのことは話さないようです。母親が話すようなことには興味がないというか、見えていないというか。だから彼らには地域や社会といったプロジェクトが必要になるのです。

そしてまた、だからこそ父親にしかできない視点でＰＴＡに参加できるのであり、社会を動かすことができるのです。

今、子育てには連携が必要です。内にあっては父性と母性の、そして親と学校の、さらにＰＴＡとして地域や社会との連携が必要です。つまり、あらゆる視点からネットワークを張り、私たちの子どもを受け止めていかねばなりません。

私から私たちへ。私の子どもから、私たちの子どもへ。私たちの子どもから、社会の子どもへ――。その視点の広がりには、どうしても男性が必要なのです。

おわりに——最後にお願いしたいこと

ずいぶんたくさんのことを書きました。「あれもこれもと言われても……」と感じておられませんか？

でも、最後にもう一つ、わかっていただきたいこととお願いがあります。

わかっていただきたいことは、多くの母親たちは、このような子育てのための本を何冊も読んでいるということです。何冊もです。読んだことがないというお母さんのほうが少ないでしょう。子どもを少しでもよく育てたいと願い、役に立ちそうな情報をためらわず手にするのです。きっとあなたの妻もそうだと思います。

でも子育ては、父と母の共同の仕事です。「妻の仕事だから」「母親の仕事だから」と片付けないでください。

子どもは、放っておけば勝手に育つものではありません。生き物はすべて、適度に手をかけなければ、よくは育ちません。その適度の中に、父性が求められているのです。

社会から父性が消えたと言われる今、それでも自分の子どもを幸せに自立させたいと思えば、父親が我が家で父性を発揮するしかありません。

もちろん、この本を手にして読んでくださったあなたは、すでに子育てに意識を持って参加してくださっていると思います。

そこで今一度のお願いは、夫婦で話し合う機会を設け、一緒に考え、子育てのためのご自分の軸を、お二人の軸を確認する習慣を持っていただきたいということです。

子育ての軸とは、基本となるおおもとの考え方のことです。二人がまったく同じ考えを持つということではありません。人間はそれぞれ考えが違っていて当たり前です。違うからこそ、子どもはいろいろな考えがあることを学ぶのです。

私は、講演の最初に必ず「私の言うことを信じないでください」とお話しします。

世の中には、ほかのすべての情報と同じように、子育ての情報もあふれています。そして、どの情報もそれなりに魅力的で、一理あるものがほとんどです。でも、そのどれもが、ただ鵜呑《うの》みにしてやったのでは何の役にも立ちません。大切なことは、親として考えることです。

自分の子どもをどう育てたいのか、子どもに何を伝えたいのかを考えることです。そして、自分の考えや信念に基づいて、子育てに向かうことです。

この本も、ある意味では、あふれる子育て情報の一つです。この本に書いてあることを鵜呑みにしてはいけません。

この本を、お二人で子育てを考えるきっかけにしていただけたらと思います。

子どもは私たちの未来です。私たちの未来に何かよいものを望むのであれば、私たちは今、その未来を育てなければなりません。その未来は、私たちの手の中にあります。

今こそ、少しの時間を取って、自分の未来を育てるつもりで、子どもと向き合ってください。

最後に、この本を手にして、読むための時間を取ってくださったあなたに、心から感謝いたします。

菅原裕子

文庫化によせて

最近、地獄絵本がよく売れているようです。書店も出版社も戸惑うほどの売れ行きです。買っていくのは子育て中の母親です。しつけの一環として悪いことをすると、地獄に落ちると教えるのです。幼稚園では紙芝居にして見せるそうです。

私は『10代の子どもの心のコーチング』（PHP文庫）で、世の中から「畏《おそ》れ多きもの」が消えた今、子どものしつけに父性が必要であると提案しました。かつて、世の中には「畏れ多きもの」が存在していました。地獄がその一つです。でも「畏れ多きもの」は、地獄に落ちると火あぶりにされるとか、嘘《うそ》をつくと閻魔《えんま》様《さま》に舌を抜かれるという、恐ろしい罰のことだけではなく、自然の摂理に対する畏敬《いけい》の念であったように思います。

ご飯粒を流しに流すと、白い大蛇《だいじゃ》が家を滅ぼすというのは、お米の一粒一粒を大切にいただきなさいという教えでした。しゃもじをなめると、口の大きな子どもが生まれてくるというのは、お行儀の悪いことは慎《つつし》みなさいというメッセージでした。

今それを子どもに教えるために、地獄の力を借りるのは面白いやり方だと思います。と同時に、私はそれを地獄ではなく、お父さんに求めたいと思います。生き方や生活の仕方に「こうあるべき」「〜してはならない」を持ち込むのは父性の仕事です。何がいけないことか、何が悪いことかを教え、それをやってはいけないと子どもに限界を設定するのが父性の仕事です。悪いことをすると地獄に落ちると教える前に、何が悪いことかを教えなければなりません。それこそがしつけです。ところが、お母さんがしつけを始めると、ついつい口うるさくなってしまいがちです。感情的に小言を言い続けると、子どもは聞き流すようになります。そんなときに、お父さんの力が求められています。お母さんとは異なるやり方で、子どもの未来を守ってください。

『お父さんのための子どもの心のコーチング』は二〇〇九年にリヨン社（現・二見書房）より出版されました。あれから三年、私たちの国は大きな変革のときにあります。二〇一一年三月の東日本大震災とそれに続く原発事故は、私たちに生き方や暮らし方、家族のあり方をもう一度見直す機会を与えました。「子どもを正しく導きたい」という親たちの切なる思いを感じます。

そんなときに、この本を再度皆さんのお手元に届けられることを嬉《うれ》しく思います。今一度、私たちの中に眠る父性を呼び覚ましたいと思います。

菅原裕子

二〇一二年四月

参考文献

『動物の親は子をどう育てるか』増井光子（どうぶつ社）
『話を聞かない男、地図が読めない女』アラン・ピーズ、バーバラ・ピーズ（主婦の友社）
『アイとアユム』松沢哲郎（講談社）
『「家族」はこわい』斎藤学（日本経済新聞社）
『Boundaries』Henry Cloud, John Townsend（Zondervan）
『サイレント・ベイビーからの警告』堀内勁（徳間書店）
『コーチングの技術――上司と部下の人間学』菅原裕子（講談社現代新書）
『子どもの心のコーチング』菅原裕子（リヨン社）
『思春期の子どもの心のコーチング』菅原裕子（リヨン社）

著者紹介
菅原裕子（すがはら　ゆうこ）
NPO法人ハートフルコミュニケーション代表理事。有限会社ワイズコミュニケーション代表取締役。
1999年、有限会社ワイズコミュニケーションを設立し、社員一人ひとりの能力を開発することで、組織の変化対応力を高めるコンサルティングを行う。仕事の現場で学んだ「育成」に関する考えを子育てに応用し、子どもが自分らしく生きることを援助したい大人のためのプログラム〈ハートフルコミュニケーション〉を開発。2006年、NPO法人ハートフルコミュニケーションを設立し、各地の学校やPTA、地方自治体主催の講演会やワークショップでこのプログラムを実施し、好評を得る。また、ハートフルコーチ養成講座を開設しコーチの育成に力を注ぐ。
主な著書に、『子どもの心のコーチング』『10代の子どもの心のコーチング』『思いを「伝える」技術』（以上、PHP文庫）、『子どもの「やる気」のコーチング』『子どもを幸せに導くしつけのコーチング』（以上、PHP研究所）、『コーチングの技術』（講談社現代新書）などがある。

NPO法人ハートフルコミュニケーション：http://www.heartful-com.org/

この作品は、2009年２月にリヨン社より刊行された『お父さんのための子どもの心のコーチング』を改題し、加筆・修正したものである。

PHP文庫　お父さんだからできる子どもの心のコーチング

2012年6月19日　第1版第1刷

著者　菅原裕子
発行者　小林成彦
発行所　株式会社PHP研究所
東京本部　〒102-8331 千代田区一番町21
文庫出版部　☎03-3239-6259(編集)
普及一部　☎03-3239-6233(販売)
京都本部　〒601-8411 京都市南区西九条北ノ内町11
PHP INTERFACE　http://www.php.co.jp/
組版　朝日メディアインターナショナル株式会社
印刷所
製本所　凸版印刷株式会社

© Yuko Sugahara 2012 Printed in Japan

落丁・乱丁本の場合は弊社制作管理部(☎03-3239-6226)へご連絡下さい。
送料弊社負担にてお取り替えいたします。

ISBN978-4-569-67830-6

PHP文庫好評既刊

子どもの心のコーチング

一人で考え、一人でできる子の育て方

菅原裕子 著

問題点を引き出し、自ら解決させ成長を促すコーチング。その手法を「子育て」に応用し、未来志向の子どもを育てる、魔法の問い掛け術。

定価五八〇円
(本体五五二円)
税五％

PHP文庫好評既刊

10代の子どもの心のコーチング

思春期の子をもつ親がすべきこと

菅原裕子 著

不安定で悩み多き10代の子どもを愛し、ありのままを受け止め、サポートし、自立と巣立ちのためのコーチとして親ができることとは？

定価五八〇円
（本体五五二円）
税五％

PHP文庫好評既刊

思いを「伝える」技術

菅原裕子 著

思い込みを捨て、「自分との会話」をプラスに変えることで、人間関係も変わる！コミュニケーション力を鍛える方法をわかりやすく伝授。

定価五四〇円
（本体五一四円）
税五％

PHP文庫好評既刊

尾木ママの
親だからできる「こころ」の子育て

尾木直樹 著

「いい子ストレス」から子どもを守るために親ができることとは——。尾木ママとして人気の著者による隠れた名著を、大幅リニューアル！

本体五四〇円
（本体五一四円）
税五％

PHP文庫好評既刊

頭のいい子が育つパパの習慣

清水克彦 著

「子どもの前で辞書を引こう」「子どものために会社を休もう」など、父親がどんな生活をすれば、子どもの学力がアップするのかを紹介。

定価五六〇円
（本体五三三円）
税五％

PHP文庫好評既刊

頭のいい子が育つママの習慣

清水克彦 著

「覚えさせるより、考えさせよう」「ママ自身が言い訳をしない」など、母親がどのような生活をすれば子どもの学力が伸びるのかを紹介。

定価五六〇円
（本体五三三円）
税五％

PHP文庫好評既刊

「甘えさせる」と子どもは伸びる！

高橋愛子 著

子どもにとって「甘える」ことは、生きるエネルギーを充電すること。家族カウンセリングの第一人者が語る、ほんとうの愛情の注ぎ方。

定価五八〇円
（本体五五二円）
税五％